Lewis Carroll

# Alice
# bilingue

UltraLetters Publishing

Titre: Alice's Adventures in Wonderland, Alice au pays des merveilles

Auteur: Lewis Carroll

Première publication: 1869.

Traduction par Henri Bué.

Illustrations par Sir John Tenniel.

Couverture: © Anna Velichkovsky - Fotolia.com.

ISBN: 978-2-930718-15-6

Connectez-vous sur www.UltraLetters.com

UltraLetters Publishing, Brussels.
contact@UltraLetters.com

# Sommaire

# Preface

[*L'Auteur désire exprimer ici sa reconnaissance envers le Traducteur de ce qu'il a remplacé par des parodies de sa composition quelques parodies de morceaux de poésie anglais, qui n'avaient de valeur que pour des enfants anglais; et aussi, de ce qu'il a su donner en jeux de mots français les équivalents des jeux de mots anglais, dont la traduction n'était pas possible.*]

All in the golden afternoon
Full leisurely we glide;
For both our oars, with little skill,
By little arms are plied;
While little hands make vain pretence
Our wanderings to guide.

Ah, cruel Three! In such an hour,
Beneath such dreamy weather,
To beg a tale of breath too weak
To stir the tiniest feather!
Yet what can one poor voice avail
Against three tongues together?

Imperious Prima flashes forth
Her edict "to begin it":
In gentler tones Secunda hopes
«There will be nonsense in it.»
While Tertia interrupts the tale

Notre barque glisse sur l'onde
Que dorent de brûlants rayons;
Sa marche lente et vagabonde
Témoigne que des bras mignons,
Pleins d'ardeur, mais encore novices,
Tout fiers de ce nouveau travail,
Mènent au gré de leurs caprices
Les rames et le gouvernail.

Soudain trois cris se font entendre,
Cris funestes à la langueur
Dont je ne pouvais me défendre
Par ce temps chaud, qui rend rêveur.
«Un conte! Un conte!» disent-elles
Toutes d'une commune voix.
Il fallait céder aux cruelles;
Que pouvais-je, hélas! contre trois

La première, d'un ton suprême,
Donne l'ordre de commencer.
La seconde, la douceur même,
Se contente de demander
Des choses à ne pas y croire.

| | |
|---|---|
| Not more than once a minute. | Nous ne fûmes interrompus |
| | Par la troisième, c'est notoire, |
| | Qu'une fois par minute, au plus. |
| | |
| Anon, to sudden silence won, | Puis, muettes, prêtant l'oreille |
| In fancy they pursue | Au conte de l'enfant rêveur, |
| The dream-child moving through a land | Qui va de merveille en merveille |
| Of wonders wild and new, | Causant avec l'oiseau causeur; |
| In friendly chat with bird or beast- | Leur esprit suit la fantaisie. |
| And half believe it true. | Où se laisse aller le conteur, |
| | Et la vérité tôt oublie |
| | Pour se confier à l'erreur. |
| | |
| And ever, as the story drained | Le conteur (espoir chimérique!) |
| The wells of fancy dry, | Cherche, se sentant épuisé, |
| And faintly strove that weary one | À briser le pouvoir magique |
| To put the subject by, | Du charme qu'il a composé, |
| «The rest next time-»«It is next time!» | Et « Tantôt » voudrait de ce rêve |
| The happy voices cry. | Finir le récit commencé: |
| | «Non, non, c'est tantôt! pas de trêve!» |
| | Est le jugement prononcé. |
| | |
| Thus grew the tale of Wonderland: | Ainsi du pays des merveilles |
| Thus slowly, one by one, | Se racontèrent lentement |
| Its quaint events were hammered out- | Les aventures sans pareilles, |
| And now the tale is done, | Incident après incident. |
| And home we steer, a merry crew, | Alors vers le prochain rivage |
| Beneath the setting sun. | Où nous devions tous débarquer |
| | Rama le joyeux équipage; |
| | La nuit commençait à tomber. |
| | |
| Alice! A childish story take, | Douce Alice, acceptez l'offrande |
| And with a gentle hand | De ces gais récits enfantins, |
| Lay it where Childhood's dreams are twined | Et tressez-en une guirlande, |
| In Memory's mystic band, | Comme on voit faire aux pèlerins |
| Like pilgrim's withered wreath of flowers | De ces fleurs qu'ils ont recueillies, |
| Pluck'd in a far-off land. | Et que plus tard, dans l'avenir, |
| | Bien qu'elles soient, hélas! flétries, |
| | Ils chérissent en souvenir. |

# DOWN THE RABBIT HOLE

| DOWN THE RABBIT HOLE | AU FOND DU TERRIER |
|---|---|
| Alice was beginning to get very tired of sitting by her sister on the bank, and of having nothing to do: once or twice she had peeped into the book her sister was reading, but it had no pictures or conversations in it, "and what is the use of a book," thought Alice, "without pictures or conversations?" | Alice, assise auprès de sa sœur sur le gazon, commençait à s'ennuyer de rester là à ne rien faire; une ou deux fois elle avait jeté les yeux sur le livre que lisait sa sœur; mais quoi! pas d'images, pas de dialogues! « La belle avance,» pensait Alice, « qu'un livre sans images, sans causeries! » |
| So she was considering, in her own mind (as well as she could, for the hot day made her feel very sleepy and stupid), whether the pleasure | Elle s'était mise à réfléchir, (tant bien que mal, car la chaleur du jour l'endormait et la rendait lourde,) se demandant si le plaisir de faire |

of making a daisy-chain would be worth the trouble of getting up and picking the daisies, when suddenly a White Rabbit with pink eyes ran close by her.

There was nothing so very remarkable in that; nor did Alice think it so very much out of the way to hear the Rabbit say to itself "Oh dear! Oh dear! I shall be too late!" (when she thought it over afterwards, it occurred to her that she ought to have wondered at this, but at the time it all seemed quite natural); but when the Rabbit actually took a watch out of its waistcoat-pocket, and looked at it, and then hurried on, Alice started to her feet, for it flashed across her mind that she had never before seen a rabbit with either a waistcoat-pocket, or a watch to take out of it, and, burning with curiosity, she ran across the field after it, and was just in time to see it pop down a large rabbit-hole under the hedge.

In another moment down went Alice after it, never once considering how in the world she was to get out again.

The rabbit-hole went straight on like a tunnel for some way, and then dipped suddenly down, so suddenly that Alice had not a moment to think about stopping herself before she found herself falling down what seemed to be a very deep well.

Either the well was very deep, or

Une couronne de marguerites valait bien la peine de se lever et de cueillir les fleurs, quand tout à coup un lapin blanc aux yeux roses passa près d'elle.

Il n'y avait rien là de bien étonnant, et Alice ne trouva même pas très-extraordinaire d'entendre parler le Lapin qui se disait: « Ah! j'arriverai trop tard!» (En y songeant après, il lui sembla bien qu'elle aurait dû s'en étonner, mais sur le moment cela lui avait paru tout naturel.) Cependant, quand le Lapin vint à tirer une montre de son gousset, la regarda, puis se prit à courir de plus belle, Alice sauta sur ses pieds, frappée de cette idée que jamais elle n'avait vu de lapin avec un gousset et une montre. Entraînée par la curiosité elle s'élança sur ses traces à travers le champ, et arriva tout juste à temps pour le voir disparaître dans un large trou au pied d'une haie.

Un instant après, Alice était à la poursuite du Lapin dans le terrier, sans songer comment elle en sortirait.

Pendant un bout de chemin le trou allait tout droit comme un tunnel, puis tout à coup il plongeait perpendiculairement d'une façon si brusque qu'Alice se sentit tomber comme dans un puits d'une grande profondeur, avant même d'avoir pensé à se retenir.

De deux choses l'une, ou le puits

she fell very slowly, for she had plenty of time as she went down to look about her, and to wonder what was going to happen next. First, she tried to look down and make out what she was coming to, but it was too dark to see anything: then she looked at the sides of the well, and noticed that they were filled with cupboards and book-shelves: here and there she saw maps and pictures hung upon pegs. She took down a jar from one of the shelves as she passed: it was labelled "ORANGE MARMALADE," but to her great disappointment it was empty; she did not like to drop the jar, for fear of killing somebody underneath, so managed to put it into one of the cupboards as she fell past it.

"Well!" thought Alice to herself. "After such a fall as this, I shall think nothing of tumbling downstairs! How brave they'll all think me at home! Why, I wouldn't say anything about it, even if I fell off the top of the house!" (Which was very likely true.)

Down, down, down. Would the fall never come to an end? "I wonder how many miles I've fallen by this time?" she said aloud. "I must be getting somewhere near the centre of the earth. Let me see: that would be four thousand miles down, I think—" (for, you see, Alice had learnt several things of

était vraiment bien profond, ou elle tombait bien doucement; car elle eut tout le loisir, dans sa chute, de regarder autour d'elle et de se demander avec étonnement ce qu'elle allait devenir. D'abord elle regarda dans le fond du trou pour savoir où elle allait; mais il y faisait bien trop sombre pour y rien voir. Ensuite elle porta les yeux sur les parois du puits, et s'aperçut qu'elles étaient garnies d'armoires et d'étagères; çà et là, elle vit pendues à des clous des cartes géographiques et des images. En passant elle prit sur un rayon un pot de confiture portant cette étiquette, « MARMELADE D'ORANGES. » Mais, à son grand regret, le pot était vide: elle n'osait le laisser tomber dans la crainte de tuer quelqu'un; aussi s'arrangea-t-elle de manière à le déposer en passant dans une des armoires.

«Certes,» dit Alice, « après une chute pareille je ne me moquerai pas mal de dégringoler l'escalier! Comme ils vont me trouver brave chez nous! Je tomberais du haut des toits que je ne ferais pas entendre une plainte.» (Ce qui était bien probable.)

Tombe, tombe, tombe! « Cette chute n'en finira donc pas! Je suis curieuse de savoir combien de milles j'ai déjà faits,» dit-elle tout haut. « Je dois être bien près du centre de la terre. Voyons donc, cela serait à quatre mille milles de profondeur, il me semble.» (Comme vous voyez, Alice avait this sort in her lessons in the school-room, and though this was not a very good opportunity for showing off her knowledge, as there was no one to listen to her, still it was good practice to say it over) "—yes, that's about the right distance—but then I wonder what Latitude or Longitude I've got to?" (Alice had no idea what Latitude was, or Longitude either, but thought they were nice grand words to say.)

Presently she began again. "I wonder if I shall fall right through the earth! How funny it'll seem to come out among the people that walk with their heads downwards! The antipathies, I think—" (she was rather glad there was no one listening, this time, as it didn't sound at all the right word) "—but I shall have to ask them what the name of the country is, you know. Please, Ma'am, is this New Zealand? Or Australia?" (and she tried to curtsey as she spoke— fancy, curtseying as you're falling through the air! Do you think you could manage it?) "And what an ignorant little girl she'll think me for asking! No, it'll never do to ask: perhaps I shall see it written up somewhere."

Down, down, down. There was nothing else to do, so Alice soon began talking again. "Dinah'll miss me very much to-night, I should

appris pas mal de choses dans ses leçons; et bien que ce ne fût pas là une très-bonne occasion de faire parade de son savoir, vu qu'il n'y avait point d'auditeur, cependant c'était un bon exercice que de répéter sa leçon.) « Oui, c'est bien à peu près cela; mais alors à quel degré de latitude ou de longitude est-ce que je me trouve?» (Alice n'avait pas la moindre idée de ce que voulait dire latitude ou longitude, mais ces grands mots lui paraissaient beaux et sonores.)

Bientôt elle reprit: « Si j'allais traverser complètement la terre? Comme ça serait drôle de se trouver au milieu de gens qui marchent la tête en bas. Aux Antipathies, je crois.» (Elle n'était pas fâchée cette fois qu'il n'y eût personne là pour l'entendre, car ce mot ne lui faisait pas l'effet d'être bien juste.) « Eh mais, j'aurai à leur demander le nom du pays. — Pardon, Madame, est-ce ici la Nouvelle-Zemble ou l'Australie?» — En même temps elle essaya de faire la révérence. (Quelle idée! Faire la révérence en l'air! Dites-moi un peu, comment vous y prendriez-vous?) « Quelle petite ignorante! pensera la dame quand je lui ferai cette question. Non, il ne faut pas demander cela; peut-être le verrai-je écrit quelque part. »

Tombe, tombe, tombe! — Donc Alice, faute d'avoir rien de mieux à faire, se remit à se parler: « Dinah remarquera mon absence ce soir, think!" (Dinah was the cat.) "I hope they'll remember her saucer of milk at tea-time. Dinah, my dear! I wish you were down here with me! There are no mice in the air, I'm afraid, but you might catch a bat, and that's very like a mouse, you know. But do cats eat bats, I wonder?" And here Alice began to get rather sleepy, and went on saying to herself, in a dreamy sort of way, "Do cats eat bats? Do cats eat bats?" and sometimes "Do bats eat cats?", for, you see, as she couldn't answer either question, it didn't much matter which way she put it. She felt that she was dozing off, and had just begun to dream that she was walking hand in hand with Dinah, and was saying to her, very earnestly, "Now, Dinah, tell me the truth: did you ever eat a bat?" when suddenly, thump! thump! down she came upon a heap of sticks and dry leaves, and the fall was over.

Alice was not a bit hurt, and she jumped up on to her feet in a moment: she looked up, but it was all dark overhead: before her was another long passage, and the White Rabbit was still in sight, hurrying down it. There was not a moment to be lost: away went Alice like the wind, and was just in time to hear it say, as it turned a

bien sûr.» (Dinah c'était son chat.) « Pourvu qu'on n'oublie pas de lui donner sa jatte de lait à l'heure du thé. Dinah, ma minette, que n'es-tu ici avec moi? Il n'y a pas de souris dans les airs, j'en ai bien peur; mais tu pourrais attraper une chauve-souris, et cela ressemble beaucoup à une souris, tu sais. Mais les chats mangent-ils les chauves-souris? » Ici le sommeil commença à gagner Alice. Elle répétait, à moitié endormie: « Les chats mangent-ils les chauves-souris? Les chats mangent-ils les chauves-souris?» Et quelquefois: « Les chauves-souris mangent-elles les chats?» Car vous comprenez bien que, puisqu'elle ne pouvait répondre ni à l'une ni à l'autre de ces questions, peu importait la manière de les poser. Elle s'assoupissait et commençait à rêver qu'elle se promenait tenant Dinah par la main, lui disant très-sérieusement: « Voyons, Dinah, dis-moi la vérité, as-tu jamais mangé des chauves-souris?» Quand tout à coup, pouf! la voilà étendue sur un tas de fagots et de feuilles sèches, — et elle a fini de tomber.

Alice ne s'était pas fait le moindre mal. Vite elle se remet sur ses pieds et regarde en l'air; mais tout est noir là-haut. Elle voit devant elle un long passage et le Lapin Blanc qui court à toutes jambes. Il n'y a pas un instant à perdre; Alice part comme le vent et arrive tout juste à temps pour entendre le Lapin dire, tandis qu'il tourne le corner, "Oh my ears and whiskers, how late it's getting!" She was close behind it when she turned the corner, but the Rabbit was no longer to be seen: she found herself in a long, low hall, which was lit up by a row of lamps hanging from the roof.

There were doors all round the hall, but they were all locked; and when Alice had been all the way down one side and up the other, trying every door, she walked sadly down the middle, wondering how she was ever to get out again.

Suddenly she came upon a little three-legged table, all made of solid glass: there was nothing on it except a tiny golden key, and Alice's first thought was that this might belong to one of the doors of the hall; but, alas! either the locks were too large, or the key was too small, but at any rate it

coin: « Par ma moustache et mes oreilles, comme il se fait tard! » Elle n'en était plus qu'à deux pas: mais le coin tourné, le Lapin avait disparu. Elle se trouva alors dans une salle longue et basse, éclairée par une rangée de lampes pendues au plafond.

Il y avait des portes tout autour de la salle: ces portes étaient toutes fermées, et, après avoir vainement tenté d'ouvrir celles du côté droit, puis celles du côté gauche, Alice se promena tristement au beau milieu de cette salle, se demandant comment elle en sortirait.

Tout à coup elle rencontra sur son passage une petite table à trois pieds, en verre massif, et rien dessus qu'une toute petite clef d'or. Alice pensa aussitôt que ce pouvait être celle d'une des portes; mais hélas! soit que les serrures fussent trop grandes, soit que la clef fût trop petite, elle ne would not open any of them. However, on the second time round, she came upon a low curtain she had not noticed before, and behind it was a little door about fifteen inches high: she tried the little golden key in the lock, and to her great delight it fitted!

Alice opened the door and found that it led into a small passage, not much larger than a rat-hole: she knelt down and looked along the passage into the loveliest garden you ever saw. How she longed to get out of that dark hall, and wander about among those beds of bright flowers and those cool fountains, but she could not even get her head though the doorway; "and even if my head would go through," thought poor Alice, "it would be of very little use without my shoulders. Oh, how I wish I could shut up like a telescope! I think I could, if I only know how to begin." For, you see, so many out-of-the-way things had happened lately, that Alice had begun to think that very few things indeed were really impossible.

There seemed to be no use in waiting by the little door, so she went back to the table, half hoping she might find another key on it, or at any rate a book of rules for shutting people up like telescopes: this time she found a little bottle on it ("which certainly was not

put toujours en ouvrir aucune. Cependant, ayant fait un second tour, elle aperçut un rideau placé très-bas et qu'elle n'avait pas vu d'abord; par derrière se trouvait encore une petite porte à peu près quinze pouces de haut; elle essaya la petite clef d'or à la serrure, et, à sa grande joie, il se trouva qu'elle y allait à merveille.

Alice ouvrit la porte, et vit qu'elle conduisait dans un étroit passage à peine plus large qu'un trou à rat. Elle s'agenouilla, et, jetant les yeux le long du passage, découvrit le plus ravissant jardin du monde. Oh! Qu'il lui tardait de sortir de cette salle ténébreuse et d'errer au milieu de ces carrés de fleurs brillantes, de ces fraîches fontaines! Mais sa tête ne pouvait même pas passer par la porte.»Et quand même ma tête y passerait,» pensait Alice, « à quoi cela servirait-il sans mes épaules? Oh! que je voudrais donc avoir la faculté de me fermer comme un télescope! Ça se pourrait peut-être, si je savais comment m'y prendre.» Il lui était déjà arrivé tant de choses extraordinaires, qu'Alice commençait à croire qu'il n'y en avait guère d'impossibles.

Comme cela n'avançait à rien de passer son temps à attendre à la petite porte, elle retourna vers la table, espérant presque y trouver une autre clef, ou tout au moins quelque grimoire donnant les règles à suivre pour se fermer comme un télescope. Cette fois here before," said Alice), and tied round the neck of the bottle was a paper label, with the words "DRINK ME" beautifully printed on it in large letters.

elle trouva sur la table une petite bouteille (qui certes n'était pas là tout à l'heure). Au cou de cette petite bouteille était attachée une étiquette en papier, avec ces mots « BUVEZ-MOI » admirablement imprimés en grosses lettres.

It was all very well to say "Drink me," but the wise little Alice was not going to do that in a hurry. "No, I'll look first," she said, "and see whether it's marked 'poison' or not"; for she had read several nice little stories about children who had got burnt, and eaten up by wild beasts, and other unpleasant things, all because they would not remember the simple rules their friends had taught them: such as, that a red-hot poker will burn you if you hold it too long; and that, if you cut your finger very deeply with a knife, it usually bleeds; and she had never forgotten that, if

C'est bien facile à dire « Buvez-moi, » mais Alice était trop fine pour obéir à l'aveuglette. « Examinons d'abord, » dit-elle, « et voyons s'il y a écrit dessus » « Poison » ou non. » Car elle avait lu dans de jolis petits contes, que des enfants avaient été brûlés, dévorés par des bêtes féroces, et qu'il leur était arrivé d'autres choses très-désagréables, tout cela pour ne s'être pas souvenus des instructions bien simples que leur donnaient leurs parents: par exemple, que le tisonnier chauffé à blanc brûle les mains qui le tiennent trop longtemps; que si on you drink much from a bottle marked "poison," it is almost certain to disagree with you, sooner or later.

However, this bottle was not marked "poison," so Alice ventured to taste it, and, finding it very nice (it had, in fact, a sort of mixed flavour of cherry-tart, custard, pine-apple, roast turkey, toffy, and hot buttered toast), she very soon finished it off.

«What a curious feeling!" said Alice. "I must be shutting up like a telescope!"

And so it was indeed: she was now only ten inches high, and her face brightened up at the thought that she was now the right size for going though the little door into that lovely garden. First, however, she waited for a few minutes to see if she was going to shrink any further: she felt a little nervous about this; "for it might end, you know," said Alice to herself, "in my going out altogether, like a candle. I wonder what I should be like then?" And she tried to fancy what the flame of a candle looks like after the candle is blown out, for she could not remember ever having seen such a thing.

After a while, finding that nothing

se fait au doigt une coupure profonde, il saigne d'ordinaire; et elle n'avait point oublié que si l'on boit immodérément d'une bouteille marquée « Poison » cela ne manque pas de brouiller le cœur tôt ou tard.

Cependant, comme cette bouteille n'était pas marquée « Poison », Alice se hasarda à en goûter le contenu, et le trouvant fort bon, (au fait c'était comme un mélange de tarte aux cerises, de crème, d'ananas, de dinde truffée, de nougat, et de rôties au beurre,) elle eut bientôt tout avalé.

«Je me sens toute drôle,» dit Alice, « on dirait que je rentre en moi-même et que je me ferme comme un télescope. »

C'est bien ce qui arrivait en effet. Elle n'avait plus que dix pouces de haut, et un éclair de joie passa sur son visage à la pensée qu'elle était maintenant de la grandeur voulue pour pénétrer par la petite porte dans ce beau jardin. Elle attendit pourtant quelques minutes, pour voir si elle allait rapetisser encore. Cela lui faisait bien un peu peur. « Songez donc, » se disait Alice, « je pourrais bien finir par m'éteindre comme une chandelle. Que deviendrais-je alors? » Et elle cherchait à s'imaginer l'air que pouvait avoir la flamme d'une chandelle éteinte, car elle ne se rappelait pas avoir jamais rien vu de la sorte.

Un moment après, voyant qu'il ne

more happened, she decided on going into the garden at once; but, alas for poor Alice! when she got to the door, she found she had forgotten the little golden key, and when she went back to the table for it, she found she could not possibly reach it: she could see it quite plainly through the glass, and she tried her best to climb up one of the legs of the table, but it was too slippery; and when she had tired herself out with trying, the poor little thing sat down and cried.

"Come, there's no use in crying like that!" said Alice to herself rather sharply. "I advise you to leave off this minute!" She generally gave herself very good advice (though she very seldom followed it), and sometimes she scolded herself so severely as to bring tears into her eyes; and once she remembered trying to box her own ears for having cheated herself in a game of croquet she was playing against herself, for this curious child was very fond of pretending to be two people. "But it's no use now," thought poor Alice, "to pretend to be two people! Why, there's hardly enough of me left to make one respectable person!"

Soon her eye fell on a little glass box that was lying under the table: she opened it, and found in it a very small cake, on which the words "EAT ME" were beautifully marked in currants. "Well, I'll eat it," said Alice, "and if it makes me

se passait plus rien, elle se décida à aller de suite au jardin; mais hélas, pauvre Alice! en arrivant à la porte, elle s'aperçut qu'elle avait oublié la petite clef d'or. Elle revint sur ses pas pour la prendre sur la table. Bah! impossible d'atteindre à la clef qu'elle voyait bien clairement à travers le verre. Elle fit alors tout son possible pour grimper le long d'un des pieds de la table, mais il était trop glissant; et enfin, épuisée de fatigue, la pauvre enfant s'assit et pleura.

«Allons, à quoi bon pleurer ainsi,» se dit Alice vivement. « Je vous conseille, Mademoiselle, de cesser tout de suite!» Elle avait pour habitude de se donner de très-bons conseils (bien qu'elle les suivît rarement), et quelquefois elle se grondait si fort que les larmes lui en venaient aux yeux; une fois même elle s'était donné des tapes pour avoir triché dans une partie de croquet qu'elle jouait toute seule; car cette étrange enfant aimait beaucoup à faire deux personnages. « Mais,» pensa la pauvre Alice, « il n'y a plus moyen de faire deux personnages, à présent qu'il me reste à peine de quoi en faire un. »

Elle aperçut alors une petite boîte en verre qui était sous la table, l'ouvrit et y trouva un tout petit gâteau sur lequel les mots « MANGEZ-MOI » étaient admirablement tracés avec des raisins de Corinthe. « Tiens, je vais grow larger, I can reach the key; and if it makes me grow smaller, I can creep under the door: so either way I'll get into the garden, and I don't care which happens!"

She ate a little bit, and said anxiously to herself "Which way? Which way?", holding her hand on the top of her head to feel which way it was growing; and she was quite surprised to find that she remained the same size. To be sure, this is what generally happens when one eats cake; but Alice had got so much into the way of expecting nothing but out-of-the-way things to happen, that it seemed quite dull and stupid for life to go on in the common way.

So she set to work, and very soon finished off the cake.

le manger, » dit Alice: « si cela me fait grandir, je pourrai atteindre à la clef; si cela me fait rapetisser, je pourrai ramper sous la porte; d'une façon ou de l'autre, je pénétrerai dans le jardin, et alors, arrive que pourra! »

Elle mangea donc un petit morceau du gâteau, et, portant sa main sur sa tête, elle se dit tout inquiète: « Lequel est-ce? Lequel est-ce? » Elle voulait savoir si elle grandissait ou rapetissait, et fut tout étonnée de rester la même; franchement, c'est ce qui arrive le plus souvent lorsqu'on mange du gâteau; mais Alice avait tellement pris l'habitude de s'attendre à des choses extraordinaires, que cela lui paraissait ennuyeux et stupide de vivre comme tout le monde.

Aussi elle se remit à l'œuvre, et eut bien vite fait disparaître le gâteau.

# THE POOL OF TEARS

## THE POOL OF TEARS

"Curiouser and curiouser!" cried Alice (she was so much surprised, that for the moment she quite forgot how to speak good English). "Now I'm opening out like the largest telescope that ever was! Good-bye, feet!" (for when she looked down at her feet, they seemed to be almost out of sight, they were getting so far off). "Oh, my poor little feet, I wonder who will put on your shoes and

## LA MARE AUX LARMES

« De plus très-curieux en plus très-curieux! » s'écria Alice (sa surprise était si grande qu'elle ne pouvait s'exprimer correctement): « Voilà que je m'allonge comme le plus grand télescope qui fût jamais! Adieu mes pieds! » (Elle venait de baisser les yeux, et ses pieds lui semblaient s'éloigner à perte de vue.) « Oh! mes pauvres petits pieds! Qui vous mettra vos bas et vos souliers maintenant, mes stockings for you now, dears? I'm sure I sha'n't be able! I shall be a great deal too far off to trouble myself about you: you must manage the best way you can— but I must be kind to them," thought Alice, "or perhaps they wo'n't walk the way I want to go! Let me see. I'll give them a new pair of boots every Christmas."

And she went on planning to herself how she would manage it. "They must go by the carrier," she thought; "and how funny it'll seem, sending presents to one's own feet! And how odd the directions will look!

> Alice's Right Foot, Esq.
> Hearthrug,
> near the Fender,
> (with Alice's love).
Oh dear, what nonsense I'm talking!"

Just then her head struck against the roof of the hall: in fact she was now more than nine feet high, and she at once took up the little golden key and hurried off to the garden door.

Poor Alice! It was as much as she could do, lying down on one side, to look through into the garden with one eye; but to get through was more hopeless than ever: she sat down and began to cry again.

"You ought to be ashamed of yourself," said Alice, "a great girl

mignons? Quant à moi, je ne le pourrai certainement pas! Je serai bien trop loin pour m'occuper de vous: arrangez-vous du mieux que vous pourrez. — Il faut cependant que je sois bonne pour eux, » pensa Alice, « sans cela ils refuseront peut-être d'aller du côté que je voudrai. Ah! je sais ce que je ferai: je leur donnerai une belle paire de bottines à Noël. »

Puis elle chercha dans son esprit comment elle s'y prendrait. « Il faudra les envoyer par le messager, » pensa-t-elle; « quelle étrange chose d'envoyer des présents à ses pieds! Et l'adresse donc! C'est cela qui sera drôle.

> À Monsieur Lepiédroit d'Alice,
> Tapis du foyer,
> Près le garde-feu.
> (De la part de Mlle Alice.)
Oh! que d'enfantillages je dis là! »

Au même instant, sa tête heurta contre le plafond de la salle: c'est qu'elle avait alors un peu plus de neuf pieds de haut. Vite elle saisit la petite clef d'or et courut à la porte du jardin.

Pauvre Alice! C'est tout ce qu'elle put faire, après s'être étendue de tout son long sur le côté, que de regarder du coin de l'œil dans le jardin. Quant à traverser le passage, il n'y fallait plus songer. Elle s'assit donc, et se remit à pleurer.

« Quelle honte!» dit Alice. « Une grande fille comme vous »

like you," (she might well say this), "to go on crying in this way! Stop this moment, I tell you!" But she went on all the same, shedding gallons of tears, until there was a large pool all around her, about four inches deep and reaching half down the hall.

(« grande » était bien le mot)» « pleurer de la sorte! Allons, finissez, vous dis-je!» Mais elle continua de pleurer, versant des torrents de larmes, si bien qu'elle se vit à la fin entourée d'une grande mare, profonde d'environ quatre pouces et s'étendant jusqu'au milieu de la salle.

After a time she heard a little pattering of feet in the distance, and she hastily dried her eyes to see what was coming. It was the White Rabbit returning, splendidly dressed, with a pair of white kid-gloves in one hand and a large fan in the other: he came trotting along in a great hurry, muttering to himself, as he came, "Oh! The Duchess, the Duchess! Oh! Wo'n't she be savage if I've kept her waiting!" Alice felt so desperate that she was ready to ask help of

Quelque temps après, elle entendit un petit bruit de pas dans le lointain; vite, elle s'essuya les yeux pour voir ce que c'était. C'était le Lapin Blanc, en grande toilette, tenant d'une main une paire de gants paille, et de l'autre un large éventail. Il accourait tout affairé, marmottant entre ses dents: « Oh! la Duchesse, la Duchesse! Elle sera dans une belle colère si je l'ai fait attendre!» Alice se trouvait si malheureuse, qu'elle était disposée à demander secours any one: so, when the Rabbit came near her, she began, in a low, timid voice, "If you please, Sir——" The Rabbit started violently, dropped the white kid-gloves and the fan, and skurried away into the darkness as hard as he could go.

Alice took up the fan and gloves, and, as the hall was very hot, she kept fanning herself all the time she went on talking. "Dear, dear! How queer everything is to-day! And yesterday things went on just as usual. I wonder if I've been changed in the night? Let me think: was I the same when I got up this morning? I almost think I can remember feeling a little different. But if I'm not the same, the next question is, 'Who in the world am I?' Ah, that's the great puzzle!" And she began thinking over all the children she knew that were of the same age as herself, to see if she could have been changed for any of them.

"I'm sure I'm not Ada," she said, "for her hair goes in such long ringlets, and mine doesn't go in ringlets at all; and I'm sure I ca'n't be Mabel, for I know all sorts of things, and she, oh, she knows such a very little! Besides, she's she, and I'm I, and—oh dear, how puzzling it all is! I'll try if I know all the things I used to know. Let me see: four times five is twelve, and four times six is thirteen, and four times seven is—oh dear! I shall

au premier venu; ainsi, quand le Lapin fut près d'elle, elle lui dit d'une voix humble et timide, « Je vous en prie, Monsieur — » Le Lapin tressaillit d'épouvante, laissa tomber les gants et l'éventail, se mit à courir à toutes jambes et disparut dans les ténèbres.

Alice ramassa les gants et l'éventail, et, comme il faisait très-chaud dans cette salle, elle s'éventa tout en se faisant la conversation: « Que tout est étrange, aujourd'hui! Hier les choses se passaient comme à l'ordinaire. Peut-être m'a-t-on changée cette nuit! Voyons, étais-je la même petite fille ce matin en me levant? — Je crois bien me rappeler que je me suis trouvée un peu différente. — Mais si je ne suis pas la même, qui suis-je donc, je vous prie? Voilà l'embarras. » Elle se mit à passer en revue dans son esprit toutes les petites filles de son âge qu'elle connaissait, pour voir si elle avait été transformée en l'une d'elles.

« Bien sûr, je ne suis pas Ada, » dit-elle. « Elle a de longs cheveux bouclés et les miens ne frisent pas du tout. — Assurément je ne suis pas Mabel, car je sais tout plein de choses et Mabel ne sait presque rien; et puis, du reste, Mabel, c'est Mabel; Alice c'est Alice! — Oh! mais quelle énigme que cela! — Voyons si je me souviendrai de tout ce que je savais: quatre fois cinq font douze, quatre fois six font treize, quatre fois sept font —

never get to twenty at that rate! However, the Multiplication-Table doesn't signify: let's try Geography. London is the capital of Paris, and Paris is the capital of Rome, and Rome—no, that's all wrong, I'm certain! I must have been changed for Mabel! I'll try and say 'How doth the little—',", and she crossed her hands on her lap, as if she were saying lessons, and began to repeat it, but her voice sounded hoarse and strange, and the words did not come the same as they used to do:—

*"How doth the little crocodile*
*Improve his shining tail,*
*And pour the waters of the Nile*
*On every golden scale!*

*"How cheerfully he seems to grin,*
*How neatly spreads his claws,*
*And welcome little fishes in,*
*With gently smiling jaws!"*

"I'm sure those are not the right words," said poor Alice, and her eyes filled with tears again as she went on, "I must be Mabel after all, and I shall have to go and live in that poky little house, and have next to no toys to play with, and oh, ever so many lessons to learn! No, I've made up my mind about it: if I'm Mabel, I'll stay down here! It'll be no use their putting their heads down and saying 'Come up

je n'arriverai jamais à vingt de ce train-là. Mais peu importe la table de multiplication. Essayons de la Géographie: Londres est la capitale de Paris, Paris la capitale de Rome, et Rome la capitale de — Mais non, ce n'est pas cela, j'en suis bien sûre! Je dois être changée en Mabel! — Je vais tâcher de réciter Maître Corbeau. » Elle croisa les mains sur ses genoux comme quand elle disait ses leçons, et se mit à répéter la fable, d'une voix rauque et étrange, et les mots ne se présentaient plus comme autrefois:

*« Maître Corbeau sur un arbre*
*perché,*
*Faisait son nid entre des branches;*
*Il avait relevé ses manches,*
*Car il était très-affairé.*
*Maître Renard, par là passant,*
*Lui dit:» Descendez donc,*
*compère;*
*Venez embrasser votre frère.»*
*Le Corbeau, le reconnaissant,*
*Lui répondit en son ramage:*
*« Fromage. » »*

« Je suis bien sûre que ce n'est pas ça du tout,» s'écria la pauvre Alice, et ses yeux se remplirent de larmes. « Ah! je le vois bien, je ne suis plus Alice, je suis Mabel, et il me faudra aller vivre dans cette vilaine petite maison, où je n'aurai presque pas de jouets pour m'amuser. — Oh! que de leçons on me fera apprendre! — Oui, certes, j'y suis bien résolue, si je suis Mabel je resterai ici. Ils auront again, dear!' I shall only look up and say 'Who am I then? Tell me that first, and then, if I like being that person, I'll come up: if not, I'll stay down here till I'm somebody else'—but, oh dear!" cried Alice, with a sudden burst of tears, "I do wish they would put their heads down! I am so very tired of being all alone here!"

As she said this she looked down at her hands, and was surprised to see that she had put on one of the Rabbit's little white kid-gloves while she was talking. "How can I have done that?" she thought. "I must be growing small again." She got up and went to the table to measure herself by it, and found that, as nearly as she could guess, she was now about two feet high, and was going on shrinking rapidly: she soon found out that the cause of this was the fan she was holding, and she dropped it hastily, just in time to save herself from shrinking away altogether.

"That was a narrow escape!" said Alice, a good deal frightened at the sudden change, but very glad to find herself still in existence. "And now for the garden!" And she ran with all speed back to the little door; but, alas! the little door was shut again, and the little golden key was lying on the glass

beau passer la tête là-haut et me crier, « Reviens auprès de nous, ma chérie! » Je me contenterai de regarder en l'air et de dire, « Dites-moi d'abord qui je suis, et, s'il me plaît d'être cette personne-là, j'irai vous trouver; sinon, je resterai ici jusqu'à ce que je devienne une autre petite fille.» — Et pourtant,» dit Alice en fondant en larmes, « je donnerais tout au monde pour les voir montrer la tête là-haut! Je m'ennuie tant d'être ici toute seule.»

Comme elle disait ces mots, elle fut bien surprise de voir que tout en parlant elle avait mis un des petits gants du Lapin. « Comment ai-je pu mettre ce gant?» pensa-t-elle. « Je rapetisse donc de nouveau?» Elle se leva, alla près de la table pour se mesurer, et jugea, autant qu'elle pouvait s'en rendre compte, qu'elle avait environ deux pieds de haut, et continuait de raccourcir rapidement. Bientôt elle s'aperçut que l'éventail qu'elle avait à la main en était la cause; vite elle le lâcha, tout juste à temps pour s'empêcher de disparaître tout à fait.

« Je viens de l'échapper belle,» dit Alice, tout émue de ce brusque changement, mais bien aise de voir qu'elle existait encore. « Maintenant, vite au jardin! » — Elle se hâta de courir vers la petite porte; mais hélas! elle s'était refermée et la petite clef d'or se trouvait sur la table de verre, table as before, "and things are worse than ever," thought the poor child, "for I never was so small as this before, never! And I declare it's too bad, that it is!"

comme tout à l'heure. « Les choses vont de mal en pis, » pensa la pauvre enfant. « Jamais je ne me suis vue si petite, jamais! Et c'est vraiment par trop fort! »

As she said these words her foot slipped, and in another moment, splash! she was up to her chin in salt-water. Her first idea was that she had somehow fallen into the sea, "and in that case I can go back by railway," she said to herself.

(Alice had been to the seaside once in her life, and had come to the general conclusion that, wherever you go to on the English coast, you find a number of bathing-machines in the sea, some children digging in the sand with wooden spades, then a row of lodging-houses, and behind them a railway station.) However, she soon made out that she was in the pool of tears which she had wept when she was nine feet high.

À ces mots son pied glissa, et flac! La voilà dans l'eau salée jusqu'au menton. Elle se crut d'abord tombée dans la mer « Dans ce cas je retournerai chez nous en chemin de fer, » se dit-elle.

(Alice avait été au bord de la mer une fois en sa vie, et se figurait que sur n'importe quel point des côtes se trouvent un grand nombre de cabines pour les baigneurs, des enfants qui font des trous dans le sable avec des pelles en bois, une longue ligne de maisons garnies, et derrière ces maisons une gare de chemin de fer.) Mais elle comprit bientôt qu'elle était dans une mare formée des larmes qu'elle avait pleurées, quand elle avait neuf pieds de haut.

"I wish I hadn't cried so much!" said Alice, as she swam about, trying to find her way out. "I shall be punished for it now, I suppose, by being drowned in my own tears! That will be a queer thing, to be sure! However, everything is queer to-day."

Just then she heard something splashing about in the pool a little way off, and she swam nearer to make out what it was: at first she thought it must be a walrus or hippopotamus, but then she remembered how small she was now, and she soon made out that it was only a mouse, that had slipped in like herself.

"Would it be of any use, now," thought Alice, "to speak to this mouse? Everything is so out-of-the-way down here, that I should think very likely it can talk: at any rate, there's no harm in trying." So she began: "O Mouse, do you know the way out of this pool? I am very tired of swimming about here, O Mouse!" (Alice thought this must be the right way of speaking to a mouse: she had never done such a thing before, but she remembered having seen, in her brother's Latin Grammar, "A mouse—of a mouse—to a mouse—a mouse—O mouse!" The Mouse looked at her rather inquisitively, and seemed to her to wink with one of its little eyes, but it said nothing.

« Je voudrais bien n'avoir pas tant pleuré,» dit Alice tout en nageant de côté et d'autre pour tâcher de sortir de là. « Je vais en être punie sans doute, en me noyant dans mes propres larmes. C'est cela qui sera drôle! Du reste, tout est drôle aujourd'hui.»

Au même instant elle entendit patauger dans la mare à quelques pas de là, et elle nagea de ce côté pour voir ce que c'était. Elle pensa d'abord que ce devait être un cheval marin ou hippopotame; puis elle se rappela combien elle était petite maintenant, et découvrit bientôt que c'était tout simplement une souris qui, comme elle, avait glissé dans la mare.

« Si j'adressais la parole à cette souris? Tout est si extraordinaire ici qu'il se pourrait bien qu'elle sût parler: dans tous les cas, il n'y a pas de mal à essayer.» Elle commença donc: « Ô Souris, savez-vous comment on pourrait sortir de cette mare? Je suis bien fatiguée de nager, Ô Souris!» (Alice pensait que c'était là la bonne manière d'interpeller une souris. Pareille chose ne lui était jamais arrivée, mais elle se souvenait d'avoir vu dans la grammaire latine de son frère: — « La souris, de la souris, à la souris, ô souris.») La Souris la regarda d'un air inquisiteur; Alice crut même la voir cligner un de ses petits yeux, mais elle ne dit mot.

"Perhaps it doesn't understand English," thought Alice. "I daresay it's a French mouse, come over with William the Conqueror." (For, with all her knowledge of history, Alice had no very clear notion how long ago anything had happened.) So she began again: "Où est ma chatte?", which was the first sentence in her French lesson-book. The Mouse gave a sudden leap out of the water, and seemed to quiver all over with fright. "Oh, I beg your pardon!" cried Alice hastily, afraid that she had hurt the poor animal's feelings. "I quite forgot you didn't like cats."

"Not like cats!" cried the Mouse in a shrill, passionate voice. "Would you like cats, if you were me?"

« Peut-être ne comprend-elle pas cette langue,» dit Alice; « c'est sans doute une souris étrangère nouvellement débarquée. Je vais essayer de lui parler italien: « *Dove è il mio gatto?*» » C'étaient là les premiers mots de son livre de dialogues. La Souris fit un bond hors de l'eau, et parut trembler de tous ses membres. « Oh! mille pardons!» s'écria vivement Alice, qui craignait d'avoir fait de la peine au pauvre animal. « J'oubliais que vous n'aimez pas les chats. »

« Aimer les chats!» cria la Souris d'une voix perçante et colère. « Et vous, les aimeriez-vous si vous étiez à ma place? »

"Well, perhaps not," said Alice in a soothing tone: "don't be angry about it. And yet I wish I could show you our cat Dinah. I think you'd take a fancy to cats, if you could only see her. She is such a dear quiet thing," Alice went on,

« Non, sans doute,» dit Alice d'une voix caressante, pour l'apaiser. « Ne vous fâchez pas. Pourtant je voudrais bien vous montrer Dinah, notre chatte. Oh! si vous la voyiez, je suis sûre que vous prendriez de l'affection pour les chats. Dinah half to herself, as she swam lazily about in the pool, "and she sits purring so nicely by the fire, licking her paws and washing her face—and she is such a nice soft thing to nurse—and she's such a capital one for catching mice——oh, I beg your pardon!" cried Alice again, for this time the Mouse was bristling all over, and she felt certain it must be really offended. "We wo'n't talk about her any more if you'd rather not."

"We indeed!" cried the Mouse, who was trembling down to the end of his tail. "As if I would talk on such a subject! Our family always hated cats: nasty, low, vulgar things! Don't let me hear the name again!"

"I wo'n't indeed!" said Alice, in a great hurry to change the subject of conversation. "Are you—are you fond—of—of dogs?" The Mouse did not answer, so Alice went on eagerly: "There is such a nice little dog, near our house, I should like to show you! A little bright-eyed terrier, you know, with oh, such long curly brown hair! And it'll fetch things when you throw them, and it'll sit up and beg for its dinner, and all sorts of things—I ca'n't remember half of them—and it belongs to a farmer, you know, and he says it's so useful, it's worth a hundred

est si douce et si gentille.» Tout en nageant nonchalamment dans la mare et parlant moitié à part soi, moitié à la Souris, Alice continua: « Elle se tient si gentiment auprès du feu à faire son rouet, à se lécher les pattes, et à se débarbouiller; son poil est si doux à caresser; et comme elle attrape bien les souris! — Oh! pardon!» dit encore Alice, car cette fois le poil de la Souris s'était tout hérissé, et on voyait bien qu'elle était fâchée tout de bon. « Nous n'en parlerons plus si cela vous fait de la peine.»

« Nous! dites-vous,» s'écria la Souris, en tremblant de la tête à la queue. « Comme si moi je parlais jamais de pareilles choses! Dans notre famille on a toujours détesté les chats, viles créatures sans foi ni loi. Que je ne vous en entende plus parler!»

« Eh bien non,» dit Alice, qui avait hâte de changer la conversation. « Est-ce que — est-ce que vous aimez les chiens?» La Souris ne répondit pas, et Alice dit vivement: « Il y a tout près de chez nous un petit chien bien mignon que je voudrais vous montrer! C'est un petit terrier aux yeux vifs, avec de longs poils bruns frisés! Il rapporte très-bien; il se tient sur ses deux pattes de derrière, et fait le beau pour avoir à manger. Enfin il fait tant de tours que j'en oublie plus de la moitié! Il appartient à un fermier qui ne le donnerait pas pour mille francs, tant il lui est pounds! He says it kills all the rats and—oh dear!" cried Alice in a sorrowful tone. "I'm afraid I've offended it again!" For the Mouse was swimming away from her as hard as it could go, and making quite a commotion in the pool as it went.

So she called softly after it, "Mouse dear! Do come back again, and we wo'n't talk about cats, or dogs either, if you don't like them!" When the Mouse heard this, it turned round and swam slowly back to her: its face was quite pale (with passion, Alice thought), and it said, in a low trembling voice, "Let us get to the shore, and then I'll tell you my history, and you'll understand why it is I hate cats and dogs."

It was high time to go, for the pool was getting quite crowded with the birds and animals that had fallen into it: there were a Duck and a Dodo, a Lory and an Eaglet, and several other curious creatures. Alice led the way, and the whole party swam to the shore.

utile; il tue tous les rats et aussi — Oh!» reprit Alice d'un ton chagrin, « voilà que je vous ai encore offensée!» En effet, la Souris s'éloignait en nageant de toutes ses forces, si bien que l'eau de la mare en était tout agitée.

Alice la rappela doucement: « Ma petite Souris! Revenez, je vous en prie, nous ne parlerons plus ni de chien ni de chat, puisque vous ne les aimez pas!» À ces mots la Souris fit volte-face, et se rapprocha tout doucement; elle était toute pâle (de colère, pensait Alice). La Souris dit d'une voix basse et tremblante: « Gagnons la rive, je vous conterai mon histoire, et vous verrez pourquoi je hais les chats et les chiens.»

Il était grand temps de s'en aller, car la mare se couvrait d'oiseaux et de toutes sortes d'animaux qui y étaient tombés. Il y avait un canard, un dodo, un lory, un aiglon, et d'autres bêtes extraordinaires. Alice prit les devants, et toute la troupe nagea vers la rive.

# A CAUCUS RACE AND A LONG TALE

## A CAUCUS-RACE AND A LONG TALE

They were indeed a queer-looking party that assembled on the bank—the birds with draggled feathers, the animals with their fur clinging close to them, and all dripping wet, cross, and uncomfortable.

The first question of course was, how to get dry again: they had a consultation about this, and after a few minutes it seemed quite natural to Alice to find herself talking familiarly with them, as if she had known them all her life. Indeed, she had quite a long

## LA COURSE COCASSE

Ils formaient une assemblée bien grotesque ces êtres singuliers réunis sur le bord de la mare; les uns avaient leurs plumes tout en désordre, les autres le poil plaqué contre le corps. Tous étaient trempés, de mauvaise humeur, et fort mal à l'aise.

« Comment faire pour nous sécher?» ce fut la première question, cela va sans dire. Au bout de quelques instants, il sembla tout naturel à Alice de causer familièrement avec ces animaux, comme si elle les connaissait depuis son berceau.

argument with the Lory, who at last turned sulky, and would only say, "I'm older than you, and must know better." And this Alice would not allow, without knowing how old it was, and, as the Lory positively refused to tell its age, there was no more to be said.

At last the Mouse, who seemed to be a person of authority among them, called out, "Sit down, all of you, and listen to me! I'll soon make you dry enough!" They all sat down at once, in a large ring, with the Mouse in the middle. Alice kept her eyes anxiously fixed on it, for she felt sure she would catch a bad cold if she did not get dry very soon.

"Ahem!" said the Mouse with an important air. "Are you all ready? This is the driest thing I know. Silence all round, if you please! 'William the Conqueror, whose cause was favoured by the pope, was soon submitted to by the English, who wanted leaders, and had been of late much accustomed to usurpation and conquest. Edwin and Morcar, the earls of Mercia and Northumbria——'"

"Ugh!" said the Lory, with a shiver.

"I beg your pardon!" said the Mouse, frowning, but very politely. "Did you speak?"

"Not I!" said the Lory, hastily.

Elle eut même une longue discussion avec le Lory, qui, à la fin, lui fit la mine et lui dit d'un air boudeur: « Je suis plus âgé que vous, et je dois par conséquent en savoir plus long.» Alice ne voulut pas accepter cette conclusion avant de savoir l'âge du Lory, et comme celui-ci refusa tout net de le lui dire, cela mit un terme au débat.

Enfin la Souris, qui paraissait avoir un certain ascendant sur les autres, leur cria: « Asseyez-vous tous, et écoutez-moi! Je vais bientôt vous faire sécher, je vous en réponds!» Vite, tout le monde s'assit en rond autour de la Souris, sur qui Alice tenait les yeux fixés avec inquiétude, car elle se disait: « Je vais attraper un vilain rhume si je ne sèche pas bientôt.»

« Hum!» fit la Souris d'un air d'importance;» êtes-vous prêts? Je ne sais rien de plus sec que ceci. Silence dans le cercle, je vous prie. « Guillaume le Conquérant, dont le pape avait embrassé le parti, soumit bientôt les Anglais, qui manquaient de chefs, et commençaient à s'accoutumer aux usurpations et aux conquêtes des étrangers. Edwin et Morcar, comtes de Mercie et de Northumbrie —» »

« Brrr,» fit le Lory, qui grelottait.

« Pardon,» demanda la Souris en fronçant le sourcil, mais fort poliment, « qu'avez-vous dit?»

« Moi! rien,» répliqua vivement le

"I thought you did," said the Mouse. "I proceed. 'Edwin and Morcar, the earls of Mercia and Northumbria, declared for him; and even Stigand, the patriotic archbishop of Canterbury, found it advisable——'"

"Found what?" said the Duck.

"Found it," the Mouse replied rather crossly: "of course you know what 'it' means."

"I know what 'it' means well enough, when I find a thing," said the Duck: "it's generally a frog, or a worm. The question is, what did the archbishop find?"

The Mouse did not notice this question, but hurriedly went on, "'—found it advisable to go with Edgar Atheling to meet William and offer him the crown. William's conduct at first was moderate. But the insolence of his Normans——' How are you getting on now, my dear?" it continued, turning to Alice as it spoke.

"As wet as ever," said Alice in a melancholy tone: "it doesn't seem to dry me at all."

"In that case," said the Dodo solemnly, rising to its feet, "I move that the meeting adjourn, for the immediate adoption of more

Lory.

« Ah! je croyais,» dit la Souris. « Je continue. «Edwin et Morcar, comtes de Mercie et de Northumbrie, se déclarèrent en sa faveur, et Stigand, l'archevêque patriote de Cantorbery, trouva cela —» »

« Trouva quoi?» dit le Canard.

« Il trouva cela,» répondit la Souris avec impatience. «Assurément vous savez ce que «cela» veut dire.»

« Je sais parfaitement ce que «cela» veut dire; par exemple: quand moi j'ai trouvé cela bon; « cela » veut dire un ver ou une grenouille,» ajouta le Canard. « Mais il s'agit de savoir ce que l'archevêque trouva. »

La Souris, sans prendre garde à cette question, se hâta de continuer. « « L'archevêque trouva cela de bonne politique d'aller avec Edgar Atheling à la rencontre de Guillaume, pour lui offrir la couronne. Guillaume, d'abord, fut bon prince; mais l'insolence des vassaux normands » — Eh bien, comment cela va-t-il, mon enfant?» ajouta-t-elle en se tournant vers Alice.

« Toujours aussi mouillée,» dit Alice tristement. « Je ne sèche que d'ennui.»

« Dans ce cas,» dit le Dodo avec emphase, se dressant sur ses pattes, « je propose l'ajournement, et l'adoption energetic remedies——"

"Speak English!" said the Eaglet. "I don't know the meaning of half those long words, and, what's more, I don't believe you do either!" And the Eaglet bent down its head to hide a smile: some of the other birds tittered audibly.

"What I was going to say," said the Dodo in an offended tone, "was, that the best thing to get us dry would be a Caucus-race."

"What is a Caucus-race?" said Alice; not that she much wanted to know, but the Dodo had paused as if it thought that somebody ought to speak, and no one else seemed inclined to say anything.

"Why," said the Dodo, "the best way to explain it is to do it." (And, as you might like to try the thing yourself, some winter-day, I will tell you how the Dodo managed it.)

First it marked out a race-course, in a sort of circle, ("the exact shape doesn't matter," it said,) and then all the party were placed along the course, here and there. There was no "One, two, three, and away!", but they began running when they liked, and left off when they liked, so that it was not easy to know when the race was over. However, when they

---

immédiate de mesures énergiques.»

« Parlez français,» dit l'Aiglon; « je ne comprends pas la moitié de ces grands mots, et, qui plus est, je ne crois pas que vous les compreniez vous-même.» L'Aiglon baissa la tête pour cacher un sourire, et quelques-uns des autres oiseaux ricanèrent tout haut.

« J'allais proposer,» dit le Dodo d'un ton vexé, « une course cocasse; c'est ce que nous pouvons faire de mieux pour nous sécher.»

« Qu'est-ce qu'une course cocasse?» demanda Alice; non qu'elle tînt beaucoup à le savoir, mais le Dodo avait fait une pause comme s'il s'attendait à être questionné par quelqu'un, et personne ne semblait disposé à prendre la parole.

« La meilleure manière de l'expliquer,» dit le Dodo, « c'est de le faire.» (Et comme vous pourriez bien, un de ces jours d'hiver, avoir envie de l'essayer, je vais vous dire comment le Dodo s'y prit.)

D'abord il traça un terrain de course, une espèce de cercle (« Du reste,» disait-il, « la forme n'y fait rien»), et les coureurs furent placés indifféremment çà et là sur le terrain. Personne ne cria, « Un, deux, trois, en avant!» mais chacun partit et s'arrêta quand il voulut, de sorte qu'il n'était pas aisé de savoir quand la course finirait. Cependant, au bout d'une had been running half an hour or so, and were quite dry again, the Dodo suddenly called out "The race is over!", and they all crowded round it, panting, and asking, "But who has won?"

This question the Dodo could not answer without a great deal of thought, and it sat for a long time with one finger pressed upon its forehead (the position in which you usually see Shakespeare, in the pictures of him), while the rest waited in silence. At last the Dodo said, "Everybody has won, and all must have prizes."

"But who is to give the prizes?" quite a chorus of voices asked.

"Why, she, of course," said the Dodo, pointing to Alice with one finger; and the whole party at once crowded round her, calling out, in a confused way, "Prizes! Prizes!"

Alice had no idea what to do, and in despair she put her hand in her pocket, and pulled out a box of comfits (luckily the salt water had not got into it), and handed them round as prizes. There was exactly one a-piece, all round.

"But she must have a prize herself, you know," said the Mouse.

"Of course," the Dodo replied very gravely. "What else have you got in your pocket?" he went on, turning to Alice.

demi-heure, tout le monde étant sec, le Dodo cria tout à coup: « La course est finie!» et les voilà tous haletants qui entourent le Dodo et lui demandent: « Qui a gagné?»

Cette question donna bien à réfléchir au Dodo; il resta longtemps assis, un doigt appuyé sur le front (pose ordinaire de Shakespeare dans ses portraits); tandis que les autres attendaient en silence. Enfin le Dodo dit: « Tout le monde a gagné, et tout le monde aura un prix.»

« Mais qui donnera les prix?» demandèrent-ils tous à la fois.

« Elle, cela va sans dire,» répondit le Dodo, en montrant Alice du doigt, et toute la troupe l'entoura aussitôt en criant confusément: « Les prix! Les prix!»

Alice ne savait que faire; pour sortir d'embarras elle mit la main dans sa poche et en tira une boîte de dragées (heureusement l'eau salée n'y avait pas pénétré); puis en donna une en prix à chacun; il y en eut juste assez pour faire le tour.

« Mais il faut aussi qu'elle ait un prix, elle,» dit la Souris.

« Comme de raison,» reprit le Dodo gravement. « Avez-vous encore quelque chose dans votre poche?» continua-t-il en se tournant vers Alice.

"Only a thimble," said Alice sadly.

"Hand it over here," said the Dodo.

Then they all crowded round her once more, while the Dodo solemnly presented the thimble, saying "We beg your acceptance of this elegant thimble"; and, when it had finished this short speech, they all cheered.

Alice thought the whole thing very absurd, but they all looked so grave that she did not dare to laugh; and, as she could not think of anything to say, she simply bowed, and took the thimble, looking as solemn as she could.

The next thing was to eat the comfits: this caused some noise and confusion, as the large birds complained that they could not taste theirs, and the small ones

« Un dé; pas autre chose,» dit Alice d'un ton chagrin.

« Faites passer,» dit le Dodo.

Tous se groupèrent de nouveau autour d'Alice, tandis que le Dodo lui présentait solennellement le dé en disant: « Nous vous prions d'accepter ce superbe dé.» Lorsqu'il eut fini ce petit discours, tout le monde cria « Hourra!»

Alice trouvait tout cela bien ridicule, mais les autres avaient l'air si grave, qu'elle n'osait pas rire; aucune réponse ne lui venant à l'esprit, elle se contenta de faire la révérence, et prit le dé de son air le plus sérieux.

Il n'y avait plus maintenant qu'à manger les dragées; ce qui ne se fit pas sans un peu de bruit et de désordre, car les gros oiseaux se plaignirent de n'y trouver aucun choked and had to be patted on the back. However, it was over at last, and they sat down again in a ring, and begged the Mouse to tell them something more.

"You promised to tell me your history, you know," said Alice, "and why it is you hate—C and D," she added in a whisper, half afraid that it would be offended again.

"Mine is a long and a sad tale!" said the Mouse, turning to Alice, and sighing.

"It is a long tail, certainly," said Alice, looking down with wonder at the Mouse's tail; "but why do you call it sad?" And she kept on puzzling about it while the Mouse was speaking, so that her idea of the tale was something like this:—

"Fury said to a
mouse, That he
met in the
house,
'Let us
both go to
law: I will
prosecute
you.—Come,
I'll take no
denial: We
must have a
trial; For
really this
morning I've
nothing

goût, et il fallut taper dans le dos des petits qui étranglaient. Enfin tout rentra dans le calme. On s'assit en rond autour de la Souris, et on la pria de raconter encore quelque chose.

« Vous m'avez promis de me raconter votre histoire,» dit Alice, « et de m'expliquer pourquoi vous détestez — les chats et les chiens,» ajouta-t-elle tout bas, craignant encore de déplaire.

La Souris, se tournant vers Alice, soupira et lui dit: « Mon histoire sera longue et traînante.»

« Tiens! tout comme votre queue,» dit Alice, frappée de la ressemblance, et regardant avec étonnement la queue de la Souris tandis que celle-ci parlait. Les idées d'histoire et de queue longue et traînante se brouillaient dans l'esprit d'Alice à peu près de cette façon: — « Canichon dit à

la Souris, Qu'il
rencontra
dans le
logis:
« Je crois
le moment
fort propice
De te faire
aller en justice.
Je ne
doute pas
du succès
Que doit
avoir
notre procès.
Vite, allons,

to do.'
Said the
mouse to the
cur, 'Such
a trial,
dear sir,
With
no jury
or judge,
would be
wasting
our
breath.'
'I'll be
judge, I'll
be jury,'
Said
cunning
old Fury:
'I'll
try the
whole
cause,
and
condemn
you
to
death'."

"You are not attending!" said the Mouse to Alice, severely. "What are you thinking of?"

"I beg your pardon," said Alice very humbly: "you had got to the fifth bend, I think?"

"I had not!" cried the Mouse, sharply and very angrily.

"A knot!" said Alice, always ready to make herself useful, and looking anxiously about her. "Oh, do let me help to undo it!"

"I shall do nothing of the sort," said the Mouse, getting up and walking away. "You insult me by

commençons
l'affaire.
Ce matin
je n'ai rien
à faire.»
La Souris
dit à
Canichon:
« Sans juge
et sans
jurés,
mon bon!»
Mais
Canichon
plein de
malice
Dit:
« C'est moi
qui suis
la justice,
Et, que
tu aies
raison
ou tort,
Je vais te
condamner
à mort.»

« Vous ne m'écoutez pas,» dit la Souris à Alice d'un air sévère. « À quoi pensez-vous donc?»

« Pardon,» dit Alice humblement. « Vous en étiez au cinquième détour.»

« Détour!» dit la Souris d'un ton sec. « Croyez-vous donc que je manque de véracité?»

« Des vers à citer? oh! je puis vous en fournir quelques-uns!» dit Alice, toujours prête à rendre service.

« On n'a pas besoin de vous,» dit la Souris. « C'est m'insulter que de dire de pareilles sottises.» Puis elle talking such nonsense!"

"I didn't mean it!" pleaded poor Alice. "But you're so easily offended, you know!"

The Mouse only growled in reply.

"Please come back, and finish your story!" Alice called after it. And the others all joined in chorus "Yes, please do!" But the Mouse only shook its head impatiently, and walked a little quicker.

"What a pity it wouldn't stay!" sighed the Lory, as soon as it was quite out of sight.

And an old Crab took the opportunity of saying to her daughter "Ah, my dear! Let this be a lesson to you never to lose your temper!"

"Hold your tongue, Ma!" said the young Crab, a little snappishly. "You're enough to try the patience of an oyster!"

"I wish I had our Dinah here, I know I do!" said Alice aloud, addressing nobody in particular. "She'd soon fetch it back!"

Alice replied eagerly, for she was always ready to talk about her pet: "Dinah's our cat. And she's such a capital one for catching mice, you ca'n't think! And oh, I wish you could see her after the birds! Why, she'll eat a little bird as soon as look at it!"

se leva pour s'en aller.

« Je n'avais pas l'intention de vous offenser,» dit Alice d'une voix conciliante. « Mais franchement vous êtes bien susceptible.»

La Souris grommela quelque chose entre ses dents et s'éloigna.

« Revenez, je vous en prie, finissez votre histoire,» lui cria Alice; et tous les autres dirent en chœur: « Oui, nous vous en supplions.» Mais la Souris secouant la tête ne s'en alla que plus vite.

« Quel dommage qu'elle ne soit pas restée!» dit en soupirant le Lory, sitôt que la Souris eut disparu.

Un vieux crabe, profitant de l'occasion, dit à son fils: « Mon enfant, que cela vous serve de leçon, et vous apprenne à ne vous emporter jamais!»

« Taisez-vous donc, papa,» dit le jeune crabe d'un ton aigre. « Vous feriez perdre patience à une huître.»

« Ah! si Dinah était ici,» dit Alice tout haut sans s'adresser à personne. « C'est elle qui l'aurait bientôt ramenée.»

« Et qui est Dinah, s'il n'y a pas d'indiscrétion à le demander?» dit le Lory. Alice répondit avec empressement, car elle était toujours prête à parler de sa favorite: « Dinah, c'est notre chatte. Si vous saviez comme elle attrape bien les souris! Et si vous la voyiez courir après les oiseaux;

This speech caused a remarkable sensation among the party. Some of the birds hurried off at once: one old Magpie began wrapping itself up very carefully, remarking "I really must be getting home: the night-air doesn't suit my throat!" And a Canary called out in a trembling voice, to its children, "Come away, my dears! It's high time you were all in bed!" On various pretexts they all moved off, and Alice was soon left alone.

"I wish I hadn't mentioned Dinah!" she said to herself in a melancholy tone. "Nobody seems to like her, down here, and I'm sure she's the best cat in the world! Oh, my dear Dinah! I wonder if I shall ever see you any more!" And here poor Alice began to cry again, for she felt very lonely and low-spirited.

In a little while, however, she again heard a little pattering of footsteps in the distance, and she looked up eagerly, half hoping that the Mouse had changed his mind, and was coming back to finish his story.

aussitôt vus, aussitôt croqués.»

Ces paroles produisirent un effet singulier sur l'assemblée. Quelques oiseaux s'enfuirent aussitôt; une vieille pie s'enveloppant avec soin murmura: « Il faut vraiment que je rentre chez moi, l'air du soir ne vaut rien pour ma gorge!» Et un canari cria à ses petits d'une voix tremblante: « Venez, mes enfants; il est grand temps que vous vous mettiez au lit!» Enfin, sous un prétexte ou sous un autre, chacun s'esquiva, et Alice se trouva bientôt seule.

« Je voudrais bien n'avoir pas parlé de Dinah,» se dit-elle tristement. «Personne ne l'aime ici, et pourtant c'est la meilleure chatte du monde! Oh! chère Dinah, te reverrai-je jamais?» Ici la pauvre Alice se reprit à pleurer; elle se sentait seule, triste, et abattue.

Au bout de quelque temps elle entendit au loin un petit bruit de pas; elle s'empressa de regarder, espérant que la Souris avait changé d'idée et revenait finir son histoire.

# THE RABBIT SENDS IN A LITTLE BILL

## THE RABBIT SENDS IN A LITTLE BILL

It was the White Rabbit, trotting slowly back again, and looking anxiously about as it went, as if it had lost something; and she heard it muttering to itself, "The Duchess! The Duchess! Oh my dear paws! Oh my fur and whiskers! She'll get me executed, as sure as ferrets are ferrets! Where can I have dropped them, I wonder?" Alice guessed in a moment that it was looking for the fan and the pair of white kid-gloves, and she very good-naturedly began hunting about for them, but they were nowhere to be seen—everything seemed to have changed since her swim in the pool; and the great hall, with the glass table and the little door, had vanished completely.

Very soon the Rabbit noticed Alice, as she went hunting about, and called out to her, in an angry tone, "Why, Mary Ann, what are you doing out here? Run home this moment, and fetch me a pair of gloves and a fan! Quick, now!"

And Alice was so much frightened that she ran off at once in the

## L'HABITATION DU LAPIN BLANC

C'était le Lapin Blanc qui revenait en trottinant, et qui cherchait de tous côtés, d'un air inquiet, comme s'il avait perdu quelque chose; Alice l'entendit qui marmottait: « La Duchesse! La Duchesse! Oh! mes pauvres pattes; oh! ma robe et mes moustaches! Elle me fera guillotiner aussi vrai que des furets sont des furets! Où pourrais-je bien les avoir perdus?» Alice devina tout de suite qu'il cherchait l'éventail et la paire de gants paille, et, comme elle avait bon cœur, elle se mit à les chercher aussi; mais pas moyen de les trouver. Du reste, depuis son bain dans la mare aux larmes, tout était changé: la salle, la table de verre, et la petite porte avaient complètement disparu.

Bientôt le Lapin aperçut Alice qui furetait; il lui cria d'un ton d'impatience: « Eh bien! Marianne, que faites-vous ici? Courez vite à la maison me chercher une paire de gants et un éventail! Allons, dépêchons-nous.»

Alice eut si grand' peur qu'elle se mit aussitôt à courir dans la direction it pointed to, without trying to explain the mistake it had made.

"He took me for his housemaid," she said to herself as she ran. "How surprised he'll be when he finds out who I am! But I'd better take him his fan and gloves—that is, if I can find them." As she said this, she came upon a neat little house, on the door of which was a bright brass plate with the name "W. RABBIT" engraved upon it. She went in without knocking, and hurried upstairs, in great fear lest she should meet the real Mary Ann, and be turned out of the house before she had found the fan and gloves.

"How queer it seems," Alice said to herself, "to be going messages for a rabbit! I suppose Dinah'll be sending me on messages next!" And she began fancying the sort of thing that would happen: "'Miss Alice! Come here directly, and get ready for your walk!' 'Coming in a minute, nurse! But I've got to watch this mouse-hole till Dinah comes back, and see that the mouse doesn't get out.' Only I don't think," Alice went on, "that they'd let Dinah stop in the house if it began ordering people about like that!"

By this time she had found her way into a tidy little room with a table in the window, and on it (as she had hoped) a fan and two or

direction qu'il indiquait, sans chercher à lui expliquer qu'il se trompait.

« Il m'a pris pour sa bonne,» se disait-elle en courant. « Comme il sera étonné quand il saura qui je suis! Mais je ferai bien de lui porter ses gants et son éventail; c'est-à-dire, si je les trouve.» Ce disant, elle arriva en face d'une petite maison, et vit sur la porte une plaque en cuivre avec ces mots, « JEAN LAPIN.» Elle monta l'escalier, entra sans frapper, tout en tremblant de rencontrer la vraie Marianne, et d'être mise à la porte avant d'avoir trouvé les gants et l'éventail.

« Que c'est drôle,» se dit Alice, « de faire des commissions pour un lapin! Bientôt ce sera Dinah qui m'enverra en commission. » Elle se prit alors à imaginer comment les choses se passeraient. — « « Mademoiselle Alice, venez ici tout de suite vous apprêter pour la promenade.» « Dans l'instant, ma bonne! Il faut d'abord que je veille sur ce trou jusqu'à ce que Dinah revienne, pour empêcher que la souris ne sorte.» Mais je ne pense pas,» continua Alice, « qu'on garderait Dinah à la maison si elle se mettait dans la tête de commander comme cela aux gens.»

Tout en causant ainsi, Alice était entrée dans une petite chambre bien rangée, et, comme elle s'y attendait, sur une petite table three pairs of tiny white kid-gloves: she took up the fan and a pair of the gloves, and was just going to leave the room, when her eye fell upon a little bottle that stood near the looking-glass. There was no label this time with the words "DRINK ME," but nevertheless she uncorked it and put it to her lips. "I know something interesting is sure to happen," she said to herself, "whenever I eat or drink anything: so I'll just see what this bottle does. I do hope it'll make me grow large again, for really I'm quite tired of being such a tiny little thing!"

It did so indeed, and much sooner than she had expected: before she had drunk half the bottle, she found her head pressing against the ceiling, and had to stoop to save her neck from being broken. She hastily put down the bottle, saying to herself "That's quite enough—I hope I shan't grow any more—As it is, I can't get out at the door—I do wish I hadn't drunk quite so much!"

Alas! It was too late to wish that! She went on growing, and growing, and very soon had to kneel down on the floor: in another minute there was not even room for this, and she tried the effect of lying down with one elbow against the door, and the other arm curled round her head. Still she went on growing, and, as

dans l'embrasure de la fenêtre, elle vit un éventail et deux ou trois paires de gants de chevreau tout petits. Elle en prit une paire, ainsi que l'éventail, et allait quitter la chambre lorsqu'elle aperçut, près du miroir, une petite bouteille. Cette fois il n'y avait pas l'inscription « BUVEZ-MOI » — ce qui n'empêcha pas Alice de la déboucher et de la porter à ses lèvres. « Il m'arrive toujours quelque chose d'intéressant,» se dit-elle, « lorsque je mange ou que je bois. Je vais voir un peu l'effet de cette bouteille. J'espère bien qu'elle me fera regrandir, car je suis vraiment fatiguée de n'être qu'une petite nabote!»

C'est ce qui arriva en effet, et bien plus tôt qu'elle ne s'y attendait. Elle n'avait pas bu la moitié de la bouteille, que sa tête touchait au plafond et qu'elle fut forcée de se baisser pour ne pas se casser le cou. Elle remit bien vite la bouteille sur la table en se disant: « En voilà assez; j'espère ne pas grandir davantage. Je ne puis déjà plus passer par la porte. Oh! je voudrais bien n'avoir pas tant bu!»

Hélas! il était trop tard; elle grandissait, grandissait, et eut bientôt à se mettre à genoux sur le plancher. Mais un instant après, il n'y avait même plus assez de place pour rester dans cette position, et elle essaya de se tenir étendue par terre, un coude contre la porte et l'autre bras passé autour de sa tête. Cependant, comme elle a last resource, she put one arm out of the window, and one foot up the chimney, and said to herself "Now I can do no more, whatever happens. What will become of me?"

grandissait toujours, elle fut obligée, comme dernière ressource, de laisser pendre un de ses bras par la fenêtre et d'enfoncer un pied dans la cheminée en disant: « À présent c'est tout ce que je peux faire, quoi qu'il arrive. Que vais-je devenir?»

Luckily for Alice, the little magic bottle had now had its full effect, and she grew no larger: still it was very uncomfortable, and, as there seemed to be no sort of chance of her ever getting out of the room again, no wonder she felt unhappy.

"It was much pleasanter at home," thought poor Alice, "when one wasn't always growing larger and smaller, and being ordered about by mice and rabbits. I almost wish I hadn't gone down that rabbit-hole—and yet—and yet—it's rather curious, you know, this sort of life! I do wonder what can have

Heureusement pour Alice, la petite bouteille magique avait alors produit tout son effet, et elle cessa de grandir. Cependant sa position était bien gênante, et comme il ne semblait pas y avoir la moindre chance qu'elle pût jamais sortir de cette chambre, il n'y a pas à s'étonner qu'elle se trouvât bien malheureuse.

« C'était bien plus agréable chez nous,» pensa la pauvre enfant. « Là du moins je ne passais pas mon temps à grandir et à rapetisser, et je n'étais pas la domestique des lapins et des souris. Je voudrais bien n'être jamais descendue dans ce terrier; et pourtant c'est assez drôle cette happened to me! When I used to read fairy-tales, I fancied that kind of thing never happened, and now here I am in the middle of one! There ought to be a book written about me, that there ought! And when I grow up, I'll write one—but I'm grown up now," she added in a sorrowful tone: "at least there's no room to grow up any more here."

"But then," thought Alice, "shall I never get any older than I am now? That'll be a comfort, one way—never to be an old woman— but then—always to have lessons to learn! Oh, I shouldn't like that!"

"Oh, you foolish Alice!" she answered herself. "How can you learn lessons in here? Why, there's hardly room for you, and no room at all for any lesson-books!"

And so she went on, taking first one side and then the other, and making quite a conversation of it altogether; but after a few minutes she heard a voice outside, and stopped to listen.

"Mary Ann! Mary Ann!" said the voice. "Fetch me my gloves this moment!" Then came a little pattering of feet on the stairs. Alice knew it was the Rabbit

manière de vivre! Je suis curieuse de savoir ce que c'est qui m'est arrivé. Autrefois, quand je lisais des contes de fées, je m'imaginais que rien de tout cela ne pouvait être, et maintenant me voilà en pleine féerie. On devrait faire un livre sur mes aventures; il y aurait de quoi! Quand je serai grande j'en ferai un, moi. — Mais je suis déjà bien grande!» dit-elle tristement. «Dans tous les cas, il n'y a plus de place ici pour grandir davantage.»

« Mais alors,» pensa Alice, « ne serai-je donc jamais plus vieille que je ne le suis maintenant? D'un côté cela aura ses avantages, ne jamais être une vieille femme. Mais alors avoir toujours des leçons à apprendre! Oh, je n'aimerais pas cela du tout.»

« Oh! Alice, petite folle,» se répondit-elle. « Comment pourriez-vous apprendre des leçons ici? Il y a à peine de la place pour vous, et il n'y en a pas du tout pour vos livres de leçons.»

Et elle continua ainsi, faisant tantôt les demandes et tantôt les réponses, et établissant sur ce sujet toute une conversation; mais au bout de quelques instants elle entendit une voix au dehors, et s'arrêta pour écouter.

« Marianne! Marianne!» criait la voix; « allez chercher mes gants bien vite!» Puis Alice entendit des piétinements dans l'escalier. Elle savait que c'était le Lapin qui la coming to look for her, and she trembled till she shook the house, quite forgetting that she was now about a thousand times as large as the Rabbit, and had no reason to be afraid of it.

cherchait; elle trembla si fort qu'elle en ébranla la maison, oubliant que maintenant elle était mille fois plus grande que le Lapin, et n'avait rien à craindre de lui.

Presently the Rabbit came up to the door, and tried to open it; but, as the door opened inwards, and Alice's elbow was pressed hard against it, that attempt proved a failure. Alice heard it say to itself "Then I'll go round and get in at the window."

"That you wo'n't!" thought Alice, and, after waiting till she fancied she heard the Rabbit just under the window, she suddenly spread out her hand, and made a snatch in the air. She did not get hold of anything, but she heard a little shriek and a fall, and a crash of broken glass, from which she

Le Lapin, arrivé à la porte, essaya de l'ouvrir; mais, comme elle s'ouvrait en dedans et que le coude d'Alice était fortement appuyé contre la porte, la tentative fut vaine. Alice entendit le Lapin qui murmurait: « C'est bon, je vais faire le tour et j'entrerai par la fenêtre.»

« Je t'en défie!» pensa Alice. Elle attendit un peu; puis, quand elle crut que le Lapin était sous la fenêtre, elle étendit le bras tout à coup pour le saisir; elle ne prit que du vent. Mais elle entendit un petit cri, puis le bruit d'une chute et de vitres cassées (ce qui lui fit penser que le Lapin était tombé concluded that it was just possible it had fallen into a cucumber-frame, or something of the sort. Next came an angry voice—the Rabbit's—"Pat! Pat! Where are you?" And then a voice she had never heard before, "Sure then I'm here! Digging for apples, yer honour!"

"Digging for apples, indeed!" said the Rabbit angrily. "Here! Come and help me out of this!" (Sounds of more broken glass.)

"Now tell me, Pat, what's that in the window?"

"Sure, it's an arm, yer honour!" (He pronounced it "arrum.")

"An arm, you goose! Who ever saw one that size? Why, it fills the whole window!"

"Sure, it does, yer honour: but it's an arm for all that."

"Well, it's got no business there, at any rate: go and take it away!"

There was a long silence after this, and Alice could only hear whispers now and then; such as, "Sure, I don't like it, yer honour, at all, at all!" "Do as I tell you, you coward!", and at last she spread out her hand again, and made another snatch in the air. This time there were two little shrieks, and more sounds of broken glass. "What a number of cucumber-frames there must be!" thought Alice. "I wonder what they'll do next! As for pulling me out of the window, I only wish they could!

sur les châssis de quelque serre à concombre), puis une voix colère, celle du Lapin: « Patrice! Patrice! où es-tu?» Une voix qu'elle ne connaissait pas répondit: « Me v'là, not' maître! J'bêchons la terre pour trouver des pommes!»

« Pour trouver des pommes!» dit le Lapin furieux. « Viens m'aider à me tirer d'ici.» (Nouveau bruit de vitres cassées.)

« Dis-moi un peu, Patrice, qu'est-ce qu'il y a là à la fenêtre?»

« Ça, not' maître, c'est un bras.»

« Un bras, imbécile! Qui a jamais vu un bras de cette dimension? Ça bouche toute la fenêtre.»

« Bien sûr, not' maître, mais c'est un bras tout de même.»

« Dans tous les cas il n'a rien à faire ici. Enlève-moi ça bien vite.»

Il se fit un long silence, et Alice n'entendait plus que des chuchotements de temps à autre, comme: « Maître, j'osons point.» — « Fais ce que je te dis, capon!» Alice étendit le bras de nouveau comme pour agripper quelque chose; cette fois il y eut deux petits cris et encore un bruit de vitres cassées.» Que de châssis il doit y avoir là!» pensa Alice. « Je me demande ce qu'ils vont faire à présent. Quant à me retirer par la fenêtre, je le souhaite de tout mon cœur, car je n'ai pas la moindre

I'm sure I don't want to stay in here any longer!"

envie de rester ici plus longtemps!»

She waited for some time without hearing anything more: at last came a rumbling of little cart-wheels, and the sound of a good many voices all talking together: she made out the words: "Where's the other ladder?—Why, I hadn't to bring but one. Bill's got the other—Bill! Fetch it here, lad!—Here, put 'em up at this corner—No, tie 'em together first—they don't reach half high enough yet—Oh! they'll do well enough. Don't be particular—Here, Bill! catch

Il se fit quelques instants de silence. À la fin, Alice entendit un bruit de petites roues, puis le son d'un grand nombre de voix; elle distingua ces mots: « Où est l'autre échelle? — Je n'avais point qu'à en apporter une; c'est Jacques qui a l'autre. — Allons, Jacques, apporte ici, mon garçon! — Dressez-les là au coin. — Non, attachez-les d'abord l'une au bout de l'autre. — Elles ne vont pas encore moitié assez haut. — Ça fera l'affaire; ne soyez pas si hold of this rope—Will the roof bear?—Mind that loose slate—Oh, it's coming down! Heads below!" (a loud crash)—"Now, who did that?—It was Bill, I fancy—Who's to go down the chimney?—Nay, I shan't! You do it!—That I won't, then!—Bill's got to go down—Here, Bill! The master says you've got to go down the chimney!"

"Oh! So Bill's got to come down the chimney, has he?' said Alice to herself. "Why, they seem to put everything upon Bill! I wouldn't be in Bill's place for a good deal: this fireplace is narrow, to be sure; but I think I can kick a little!"

She drew her foot as far down the chimney as she could, and waited till she heard a little animal (she couldn't guess of what sort it was) scratching and scrambling about in the chimney close above her: then, saying to herself "This is Bill", she gave one sharp kick, and waited to see what would happen next.

The first thing she heard was a general chorus of "There goes Bill!" then the Rabbit's voice alone—"Catch him, you by the hedge!" then silence, and then another confusion of voices— "Hold up his head—Brandy now—

difficile. — Tiens, Jacques, attrape ce bout de corde. — Le toit portera-t-il bien? — Attention à cette tuile qui ne tient pas. — Bon! la voilà qui dégringole. Gare les têtes!» (Il se fit un grand fracas.) « Qui a fait cela? — Je crois bien que c'est Jacques. — Qui est-ce qui va descendre par la cheminée? — Pas moi, bien sûr! Allez-y, vous. — Non pas, vraiment. — C'est à vous, Jacques, à descendre. — Hohé, Jacques, not' maître dit qu'il faut que tu descendes par la cheminée!»

« Ah!» se dit Alice, « c'est donc Jacques qui va descendre. Il paraît qu'on met tout sur le dos de Jacques. Je ne voudrais pas pour beaucoup être Jacques. Ce foyer est étroit certainement, mais je crois bien que je pourrai tout de même lui lancer un coup de pied.»

Elle retira son pied aussi bas que possible, et ne bougea plus jusqu'à ce qu'elle entendît le bruit d'un petit animal (elle ne pouvait deviner de quelle espèce) qui grattait et cherchait à descendre dans la cheminée, juste au-dessus d'elle; alors se disant: « Voilà Jacques sans doute,» elle lança un bon coup de pied, et attendit pour voir ce qui allait arriver.

La première chose qu'elle entendit fut un cri général de: « Tiens, voilà Jacques en l'air!» Puis la voix du Lapin, qui criait: « Attrapez-le, vous là-bas, près de la haie!» Puis un long silence; ensuite un mélange confus de voix:

Don't choke him--How was it, old fellow? What happened to you? Tell us all about it!"

Last came a little feeble, squeaking voice ("That's Bill," thought Alice), "Well, I hardly know—No more, thank ye; I'm better now—but I'm a deal too flustered to tell you—all I know is, something comes at me like a Jack-in-the-box, and up I goes like a sky-rocket!"

"So you did, old fellow!" said the others.

"We must burn the house down!" said the Rabbit's voice; and Alice called out as loud as she could, "If you do. I'll set Dinah at you!"

There was a dead silence instantly, and Alice thought to herself, "I wonder what they will do next! If they had any sense, they'd take the roof off." After a minute or two, they began moving about again, and Alice heard the Rabbit say, "A barrowful will do, to begin with."

"A barrowful of what?" thought Alice. But she had not long to doubt, for the next moment a shower of little pebbles came rattling in at the window, and some of them hit her in the face. "I'll put a stop to this," she said to herself, and shouted out, "You'd

« Soutenez-lui la tête. — De l'eau-de-vie maintenant. — Ne le faites pas engouer. — Qu'est-ce donc, vieux camarade? — Que t'est-il arrivé? Raconte-nous ça!»

Enfin une petite voix faible et flûtée se fit entendre. (« C'est la voix de Jacques, » pensa Alice.) « Je n'en sais vraiment rien. Merci, c'est assez; je me sens mieux maintenant; mais je suis encore trop bouleversé pour vous conter la chose. Tout ce que je sais, c'est que j'ai été poussé comme par un ressort, et que je suis parti en l'air comme une fusée.»

« Ça, c'est vrai, vieux camarade,» disaient les autres.

« Il faut mettre le feu à la maison,» dit le Lapin.

Alors Alice cria de toutes ses forces: « Si vous osez faire cela, j'envoie Dinah à votre poursuite.»

Il se fit tout à coup un silence de mort.» Que vont-ils faire à présent?» pensa Alice. « S'ils avaient un peu d'esprit, ils enlèveraient le toit.» Quelques minutes après, les allées et venues recommencèrent, et Alice entendit le Lapin, qui disait: « Une brouettée d'abord, ça suffira.»

« Une brouettée de quoi?» pensa Alice. Il ne lui resta bientôt plus de doute, car, un instant après, une grêle de petits cailloux vint battre contre la fenêtre, et quelques-uns même l'atteignirent au visage. « Je vais bientôt mettre fin à cela,» se dit-elle; puis elle cria:» Vous ferez better not do that again!" which produced another dead silence.

Alice noticed, with some surprise, that the pebbles were all turning into little cakes as they lay on the floor, and a bright idea came into her head. "If I eat one of these cakes," she thought, "it's sure to make some change in my size; and, as it ca'n't possibly make me larger, it must make me smaller, I suppose."

So she swallowed one of the cakes, and was delighted to find that she began shrinking directly. As soon as she was small enough to get through the door, she ran out of the house, and found quite a crowd of little animals and birds waiting outside. The poor little Lizard, Bill, was in the middle, being held up by two guinea-pigs, who were giving it something out of a bottle. They all made a rush at Alice the moment she appeared; but she ran off as hard as she could, and soon found herself safe in a thick wood.

"The first thing I've got to do," said Alice to herself, as she wandered about in the wood, "is to grow to my right size again; and the second thing is to find my way into that lovely garden. I think that will be the best plan."

It sounded an excellent plan, no

bien de ne pas recommencer.» Ce qui produisit encore un profond silence.

Alice remarqua, avec quelque surprise, qu'en tombant sur le plancher les cailloux se changeaient en petits gâteaux, et une brillante idée lui traversa l'esprit. « Si je mange un de ces gâteaux,» pensa-t-elle, « cela ne manquera pas de me faire ou grandir ou rapetisser; or, je ne puis plus grandir, c'est impossible, donc je rapetisserai!»

Elle avala un des gâteaux, et s'aperçut avec joie qu'elle diminuait rapidement. Aussitôt qu'elle fut assez petite pour passer par la porte, elle s'échappa de la maison, et trouva toute une foule d'oiseaux et d'autres petits animaux qui attendaient dehors. Le pauvre petit lézard, Jacques, était au milieu d'eux, soutenu par des cochons d'Inde, qui le faisaient boire à une bouteille. Tous se précipitèrent sur Alice aussitôt qu'elle parut; mais elle se mit à courir de toutes ses forces, et se trouva bientôt en sûreté dans un bois touffu.

« La première chose que j'aie à faire,» dit Alice en errant çà et là dans les bois, « c'est de revenir à ma première grandeur; la seconde, de chercher un chemin qui me conduise dans ce ravissant jardin. C'est là, je crois, ce que j'ai de mieux à faire!»

En effet c'était un plan de

doubt, and very neatly and simply arranged: the only difficulty was, that she had not the smallest idea how to set about it; and, while she was peering about anxiously among the trees, a little sharp bark just over her head made her look up in a great hurry.

An enormous puppy was looking down at her with large round eyes, and feebly stretching out one paw, trying to touch her. "Poor little thing!" said Alice, in a coaxing tone, and she tried hard to whistle to it; but she was terribly frightened all the time at the thought that it might be hungry, in which case it would be very likely to eat her up in spite of all her coaxing.

campagne excellent, très-simple et très-habilement combiné. Toute la difficulté était de savoir comment s'y prendre pour l'exécuter. Tandis qu'elle regardait en tapinois et avec précaution à travers les arbres, un petit aboiement sec, juste au-dessus de sa tête, lui fit tout à coup lever les yeux.

Un jeune chien (qui lui parut énorme) la regardait avec de grands yeux ronds, et étendait légèrement la patte pour tâcher de la toucher. « Pauvre petit!» dit Alice d'une voix caressante et essayant de siffler. Elle avait une peur terrible cependant, car elle pensait qu'il pouvait bien avoir faim, et que dans ce cas il était probable qu'il la mangerait, en dépit de toutes ses câlineries.

Hardly knowing what she did, she picked up a little bit of stick, and

Sans trop savoir ce qu'elle faisait, elle ramassa une petite baguette held it out to the puppy; whereupon the puppy jumped into the air off all its feet at once, with a yelp of delight, and rushed at the stick, and made believe to worry it; then Alice dodged behind a great thistle, to keep herself from being run over; and the moment she appeared on the other side, the puppy made another rush at the stick, and tumbled head over heels in its hurry to get hold of it: then Alice, thinking it was very like having a game of play with a cart-horse, and expecting every moment to be trampled under its feet, ran round the thistle again: then the puppy began a series of short charges at the stick, running a very little way forwards each time and a long way back, and barking hoarsely all the while, till at last it sat down a good way off, panting, with its tongue hanging out of its mouth, and its great eyes half shut.

This seemed to Alice a good opportunity for making her escape: so she set off at once, and ran till she was quite tired and out of breath, and till the puppy's bark sounded quite faint in the distance.

"And yet what a dear little puppy it was!" said Alice, as she leant against a buttercup to rest herself, and fanned herself with one of the leaves. "I should have liked teaching it tricks very much, if—if

et la présenta au petit chien qui bondit des quatre pattes à la fois, aboyant de joie, et se jeta sur le bâton comme pour jouer avec. Alice passa de l'autre côté d'un gros chardon pour n'être pas foulée aux pieds. Sitôt qu'elle reparut, le petit chien se précipita de nouveau sur le bâton, et, dans son empressement de le saisir, butta et fit une cabriole. Mais Alice, trouvant que cela ressemblait beaucoup à une partie qu'elle ferait avec un cheval de charrette, et craignant à chaque instant d'être écrasée par le chien, se remit à tourner autour du chardon. Alors le petit chien fit une série de charges contre le bâton. Il avançait un peu chaque fois, puis reculait bien loin en faisant des aboiements rauques; puis enfin il se coucha à une grande distance de là, tout haletant, la langue pendante, et ses grands yeux à moitié fermés.

Alice jugea que le moment était venu de s'échapper. Elle prit sa course aussitôt, et ne s'arrêta que lorsqu'elle se sentit fatiguée et hors d'haleine, et qu'elle n'entendit plus que faiblement dans le lointain les aboiements du petit chien.

« C'était pourtant un bien joli petit chien,» dit Alice, en s'appuyant sur un bouton d'or pour se reposer, et en s'éventant avec une des feuilles de la plante. «Je lui aurais volontiers enseigné tout plein de

I'd only been the right size to do it! Oh dear! I'd nearly forgotten that I've got to grow up again! Let me see—how is it to be managed? I suppose I ought to eat or drink something or other; but the great question is, 'What?'"

The great question certainly was "What?". Alice looked all round her at the flowers and the blades of grass, but she did not see anything that looked like the right thing to eat or drink under the circumstances.

There was a large mushroom growing near her, about the same height as herself; and, when she had looked under it, and on both sides of it, and behind it, it occurred to her that she might as well look and see what was on the top of it.

She stretched herself up on tiptoe, and peeped over the edge of the mushroom, and her eyes immediately met those of a large blue caterpillar, that was sitting on the top, with its arms folded, quietly smoking a long hookah, and taking not the smallest notice of her or of anything else.

jolis tours si — si j'avais été assez grande pour cela! Oh! mais j'oubliais que j'avais encore à grandir! Voyons. Comment faire? Je devrais sans doute boire ou manger quelque chose; mais quoi? Voilà la grande question.»

En effet, la grande question était bien de savoir quoi? Alice regarda tout autour d'elle les fleurs et les brins d'herbes; mais elle ne vit rien qui lui parût bon à boire ou à manger dans les circonstances présentes.

Près d'elle poussait un large champignon, à peu près haut comme elle. Lorsqu'elle l'eut examiné par-dessous, d'un côté et de l'autre, par-devant et par-derrière, l'idée lui vint qu'elle ferait bien de regarder ce qu'il y avait dessus.

Elle se dressa sur la pointe des pieds, et, glissant les yeux par-dessus le bord du champignon, ses regards rencontrèrent ceux d'une grosse chenille bleue assise au sommet, les bras croisés, fumant tranquillement une longue pipe turque sans faire la moindre attention à elle ni à quoi que ce fût.

# ADVICE FROM A CATERPILLAR

## ADVICE FROM A CATERPILLAR

The Caterpillar and Alice looked at each other for some time in silence: at last the Caterpillar took the hookah out of its mouth, and addressed her in a languid, sleepy voice.

"Who are you?" said the Caterpillar.

This was not an encouraging

## CONSEILS D'UNE CHENILLE

La Chenille et Alice se considérèrent un instant en silence. Enfin la Chenille sortit le houka de sa bouche, et lui adressa la parole d'une voix endormie et traînante.

« Qui êtes-vous?» dit la Chenille. Ce n'était pas là une manière encourageante d'entamer la opening for a conversation. Alice replied, rather shyly, "I—I hardly know, Sir, just at present—at least I know who I was when I got up this morning, but I think I must have been changed several times since then."

"What do you mean by that?» said the Caterpillar, sternly. "Explain yourself!"

"I can't explain myself, I'm afraid, Sir," said Alice, "because I'm not myself, you see."

"I don't see," said the Caterpillar.

"I'm afraid I ca'n't put it more clearly," Alice replied, very politely, "for I ca'n't understand it myself, to begin with; and being so many different sizes in a day is very confusing."

"It isn't," said the Caterpillar.

"Well, perhaps you haven't found it so yet," said Alice; "but when you have to turn into a chrysalis—you will some day, you know—and then after that into a butterfly, I should think you'll feel it a little queer, wo'n't you?"

"Not a bit," said the Caterpillar.

"Well, perhaps your feelings may be different," said Alice: "all I know is, it would feel very queer to me."

conversation. Alice répondit, un peu confuse: « Je — je le sais à peine moi-même quant à présent. Je sais bien ce que j'étais en me levant ce matin, mais je crois avoir changé plusieurs fois depuis.»

« Qu'entendez-vous par là?» dit la Chenille d'un ton sévère. « Expliquez-vous.»

« Je crains bien de ne pouvoir pas m'expliquer,» dit Alice, « car, voyez-vous, je ne suis plus moi-même.»

« Je ne vois pas du tout,» répondit la Chenille.

« J'ai bien peur de ne pouvoir pas dire les choses plus clairement,» répliqua Alice fort poliment; « car d'abord je n'y comprends rien moi-même. Grandir et rapetisser si souvent en un seul jour, cela embrouille un peu les idées.»

« Pas du tout,» dit la Chenille.

« Peut-être ne vous en êtes-vous pas encore aperçue,» dit Alice. « Mais quand vous deviendrez chrysalide, car c'est ce qui vous arrivera, sachez-le bien, et ensuite papillon, je crois bien que vous vous sentirez un peu drôle, qu'en dites-vous?»

« Pas du tout,» dit la Chenille.

« Vos sensations sont peut-être différentes des miennes,» dit Alice. «Tout ce que je sais, c'est que cela me semblerait bien drôle à moi.»

"You!" said the Caterpillar contemptuously. "Who are you?"

Which brought them back again to the beginning of the conversation. Alice felt a little irritated at the Caterpillar's making such very short remarks, and she drew herself up and said, very gravely, "I think you ought to tell me who you are, first."

"Why?" said the Caterpillar.

Here was another puzzling question; and, as Alice could not think of any good reason, and as the Caterpillar seemed to be in a very unpleasant state of mind, she turned away.

"Come back!" the Caterpillar called after her. "I've something important to say!"

This sounded promising, certainly. Alice turned and came back again.

"Keep your temper," said the Caterpillar.

"Is that all?" said Alice, swallowing down her anger as well as she could.

"No," said the Caterpillar.

Alice thought she might as well wait, as she had nothing else to do, and perhaps after all it might tell her something worth hearing. For some minutes it puffed away without speaking; but at last it unfolded its arms, took the hookah out of its mouth again,

« À vous!» dit la Chenille d'un ton de mépris. « Qui êtes-vous?»

Cette question les ramena au commencement de la conversation.

Alice, un peu irritée du parler bref de la Chenille, se redressa de toute sa hauteur et répondit bien gravement: «Il me semble que vous devriez d'abord me dire qui vous êtes vous-même.»

« Pourquoi?» dit la Chenille.

C'était encore là une question bien embarrassante; et comme Alice ne trouvait pas de bonne raison à donner, et que la Chenille avait l'air de très-mauvaise humeur, Alice lui tourna le dos et s'éloigna.

« Revenez,» lui cria la Chenille. « J'ai quelque chose d'important à vous dire!»

L'invitation était engageante assurément; Alice revint sur ses pas.

« Ne vous emportez pas,» dit la Chenille.

« Est-ce tout?» dit Alice, cherchant à retenir sa colère.

« Non,» répondit la Chenille.

Alice pensa qu'elle ferait tout aussi bien d'attendre, et qu'après tout la Chenille lui dirait peut-être quelque chose de bon à savoir. La Chenille continua de fumer pendant quelques minutes sans rien dire. Puis, retirant enfin la pipe de sa bouche, elle se croisa and said, "So you think you're changed, do you?"

"I'm afraid I am, sir," said Alice. "I ca'n't remember things as I used— and I don't keep the same size for ten minutes together!"

"Ca'n't remember what things?" said the Caterpillar.

"Well, I've tried to say 'How doth the little busy bee,' but it all came different!" Alice replied in a very melancholy voice.

"Repeat, 'You are old, Father William,' " said the Caterpillar.

Alice folded her hands, and began:—

les bras et dit: « Ainsi vous vous figurez que vous êtes changée, hein?»

« Je le crains bien,» dit Alice. « Je ne peux plus me souvenir des choses comme autrefois, et je ne reste pas dix minutes de suite de la même grandeur!»

« De quoi est-ce que vous ne pouvez pas vous souvenir?» dit la Chenille.

« J'ai essayé de réciter la fable de Maître Corbeau, mais ce n'était plus la même chose,» répondit Alice d'un ton chagrin.

« Récitez: « Vous êtes vieux, Père Guillaume,» » dit la Chenille.

Alice croisa les mains et commença:

"You are old, Father William," the young man said,
   "And your hair has become very white;
And yet you incessantly stand on your head—

« Vous êtes vieux, Père Guillaume.
Vous avez des cheveux tout gris...
La tête en bas! Père Guillaume;
À votre âge, c'est peu permis!

Do you think, at your age, it is right?"

"In my youth," Father William replied to his son,

«I feared it might injure the brain;

But, now that I'm perfectly sure I have none,

Why, I do it again and again."

— Étant jeune, pour ma cervelle
Je craignais fort, mon cher enfant;
Je n'en ai plus une parcelle,
J'en suis bien certain maintenant.

"You are old, Father William," the young man said,

"And your hair has become very white;

And yet you incessantly stand on your head—

Do you think, at your age, it is right?"

"In my youth," Father William replied to his son,

«I feared it might injure the brain;

But, now that I'm perfectly sure I have none,

Why, I do it again and again."

"You are old," said the youth, "as I mentioned before,

« Vous êtes vieux, Père Guillaume.
Vous avez des cheveux tout gris...
La tête en bas! Père Guillaume;
À votre âge, c'est peu permis!

— Étant jeune, pour ma cervelle
Je craignais fort, mon cher enfant;
Je n'en ai plus une parcelle,
J'en suis bien certain maintenant.

— Vous êtes vieux, je vous l'ai dit,
Mais comment donc par cette

And have grown most uncommonly fat;
Yet you turned a back-somersault in at the door—
  Pray, what is the reason of that?"
"In my youth," said the sage, as he shook his grey locks,
  "I kept all my limbs very supple
By the use of this ointment—one shilling the box—
  Allow me to sell you a couple?"

porte,
Vous, dont la taille est comme un muid!
Cabriolez-vous de la sorte?

— Étant jeune, mon cher enfant,
J'avais chaque jointure bonne;
Je me frottais de cet onguent;
Si vous payez je vous en donne.

«You are old," said the youth, "and your jaws are too weak
  For anything tougher than suet;
Yet you finished the goose, with the bones and the beak—
  Pray, how did you manage to do it?»
"In my youth," said his father, "I took to the law,
  And argued each case with my wife;
And the muscular strength, which it gave to my jaw
  Has lasted the rest of my life."

— Vous êtes vieux, et vous mangez
Les os comme de la bouillie;
Et jamais rien ne me laissez.
Comment faites-vous, je vous prie?

— Étant jeune, je disputais
Tous les jours avec votre mère;
C'est ainsi que je me suis fait
Un si puissant os maxillaire.

"You are old," said the youth, "one would hardly suppose

That your eye was as steady as ever;

Yet you balanced an eel on the end of your nose—

What made you so awfully clever?"

"I have answered three questions, and that is enough,»

Said his father, "Don't give yourself airs!

Do you think I can listen all day to such stuff?

Be off, or I'll kick you downstairs!"

"That is not said right," said the Caterpillar.

"Not quite right, I'm afraid," said Alice, timidly: "some of the words have got altered."

"It is wrong from beginning to end," said the Caterpillar, decidedly; and there was silence for some minutes.

— Vous êtes vieux, par quelle adresse

Tenez-vous debout sur le nez

Une anguille qui se redresse

Droit comme un I quand vous sifflez?

— Cette question est trop sotte!

Cessez de babiller ainsi,

Ou je vais, du bout de ma botte,

Vous envoyer bien loin d'ici.»

« Ce n'est pas cela,» dit la Chenille.

« Pas tout à fait, je le crains bien,» dit Alice timidement. « Tous les mots ne sont pas les mêmes.»

« C'est tout de travers d'un bout à l'autre,» dit la Chenille d'un ton décidé; et il se fit un silence de quelques minutes.

The Caterpillar was the first to speak.

"What size do you want to be?" it asked.

"Oh, I'm not particular as to size," Alice hastily replied; "only one doesn't like changing so often, you know."

"I don't know," said the Caterpillar.

Alice said nothing: she had never been so much contradicted in her life before, and she felt that she was losing her temper.

"Are you content now?" said the Caterpillar.

"Well, I should like to be a little larger, Sir, if you wouldn't mind," said Alice: "three inches is such a wretched height to be."

"It is a very good height indeed!" said the Caterpillar angrily, rearing itself upright as it spoke (it was exactly three inches high).

"But I'm not used to it!" pleaded poor Alice in a piteous tone. And she thought to herself "I wish the creatures wouldn't be so easily offended!"

"You'll get used to it in time," said the Caterpillar; and it put the hookah into its mouth, and began smoking again.

This time Alice waited patiently until it chose to speak again. In a minute or two the Caterpillar took the hookah out of its mouth, and

---

La Chenille fut la première à reprendre la parole.

« De quelle grandeur voulez-vous être?» demanda-t-elle.

« Oh! je ne suis pas difficile, quant à la taille,» reprit vivement Alice. « Mais vous comprenez bien qu'on n'aime pas à en changer si souvent.»

« Je ne comprends pas du tout,» dit la Chenille.

Alice se tut; elle n'avait jamais de sa vie été si souvent contredite, et elle sentait qu'elle allait perdre patience.

« Êtes-vous satisfaite maintenant?» dit la Chenille.

« J'aimerais bien à être un petit peu plus grande, si cela vous était égal,» dit Alice: « Trois pouces de haut, c'est si peu!»

« C'est une très-belle taille,» dit la Chenille en colère, se dressant de toute sa hauteur. (Elle avait tout juste trois pouces de haut.)

« Mais je n'y suis pas habituée,» répliqua Alice d'un ton piteux, et elle fit cette réflexion: « Je voudrais bien que ces gens-là ne fussent pas si susceptibles.»

« Vous finirez par vous y habituer,» dit la Chenille. Elle remit la pipe à sa bouche, et fuma de plus belle.

Cette fois Alice attendit patiemment qu'elle se décidât à parler. Au bout de deux ou trois minutes la Chenille sortit le houka yawned once or twice, and shook itself. Then it got down off the mushroom, and crawled away in the grass, merely remarking, as it went, "One side will make you grow taller, and the other side will make you grow shorter."

"One side of what? The other side of what?" thought Alice to herself.

"Of the mushroom," said the Caterpillar, just as if she had asked it aloud; and in another moment it was out of sight.

Alice remained looking thoughtfully at the mushroom for a minute, trying to make out which were the two sides of it; and, as it was perfectly round, she found this a very difficult question. However, at last she stretched her arms round it as far as they would go, and broke off a bit of the edge with each hand.

"And now which is which?" she said to herself, and nibbled a little of the right-hand bit to try the effect. The next moment she felt a violent blow underneath her chin: it had struck her foot!

She was a good deal frightened by this very sudden change, but she felt that there was no time to be lost, as she was shrinking rapidly: so she set to work at once to eat some of the other bit. Her chin was pressed so closely against her foot, that there was hardly room to open her mouth; but she did it

de sa bouche, bâilla une ou deux fois et se secoua; puis elle descendit de dessus le champignon, glissa dans le gazon, et dit tout simplement en s'en allant: « Un côté vous fera grandir, et l'autre vous fera rapetisser.»

« Un côté de quoi, l'autre côté de quoi?» pensa Alice.

« Du champignon,» dit la Chenille, comme si Alice avait parlé tout haut; et un moment après la Chenille avait disparu.

Alice contempla le champignon d'un air pensif pendant un instant, essayant de deviner quels en étaient les côtés; et comme le champignon était tout rond, elle trouva la question fort embarrassante. Enfin elle étendit ses bras tout autour, en les allongeant autant que possible, et, de chaque main, enleva une petite partie du bord du champignon.

« Maintenant, lequel des deux?» se dit-elle, et elle grignota un peu du morceau de la main droite pour voir quel effet il produirait. Presque aussitôt elle reçut un coup violent sous le menton; il venait de frapper contre son pied.

Ce brusque changement lui fit grand'peur, mais elle comprit qu'il n'y avait pas de temps à perdre, car elle diminuait rapidement. Elle se mit donc bien vite à manger un peu de l'autre morceau. Son menton était si rapproché de son pied qu'il y avait à peine assez de place pour qu'elle pût ouvrir la at last, and managed to swallow a morsel of the left-hand bit.

"Come, my head's free at last!" said Alice in a tone of delight, which changed into alarm in another moment, when she found that her shoulders were nowhere to be found: all she could see, when she looked down, was an immense length of neck, which seemed to rise like a stalk out of a sea of green leaves that lay far below her.

"What can all that green stuff be?" said Alice. "And where have my shoulders got to? And oh, my poor hands, how is it I ca'n't see you?" She was moving them about as she spoke, but no result seemed to follow, except a little shaking among the distant green leaves.

As there seemed to be no chance of getting her hands up to her head, she tried to get her head down to them, and was delighted to find that her neck would bend about easily in any direction, like a serpent. She had just succeeded in curving it down into a graceful zigzag, and was going to dive in among the leaves, which she found to be nothing but the tops of the trees under which she had been wandering, when a sharp hiss made her draw back in a hurry: a large pigeon had flown into her face, and was beating her

bouche. Elle y réussit enfin, et parvint à avaler une partie du morceau de la main gauche.

« Voilà enfin ma tête libre,» dit Alice d'un ton joyeux qui se changea bientôt en cris d'épouvante, quand elle s'aperçut de l'absence de ses épaules. Tout ce qu'elle pouvait voir en regardant en bas, c'était un cou long à n'en plus finir qui semblait se dresser comme une tige, du milieu d'un océan de verdure s'étendant bien loin au-dessous d'elle,

« Qu'est-ce que c'est que toute cette verdure?» dit Alice. « Et où donc sont mes épaules? Oh! mes pauvres mains! Comment se fait-il que je ne puis vous voir?» Tout en parlant elle agitait les mains, mais il n'en résulta qu'un petit mouvement au loin parmi les feuilles vertes.

Comme elle ne trouvait pas le moyen de porter ses mains à sa tête, elle tâcha de porter sa tête à ses mains, et s'aperçut avec joie que son cou se repliait avec aisance de tous côtés comme un serpent. Elle venait de réussir à le plier en un gracieux zigzag, et allait plonger parmi les feuilles, qui étaient tout simplement le haut des arbres sous lesquels elle avait erré, quand un sifflement aigu la força de reculer promptement; un gros pigeon venait de lui voler à la figure, et lui donnait de grands coups d'ailes.

violently with its wings.

"Serpent!" screamed the Pigeon.

« Serpent!» criait le Pigeon.

"I'm not a serpent!" said Alice indignantly. "Let me alone!"

« Je ne suis pas un serpent,» dit Alice, avec indignation. « Laissez-moi tranquille.»

"Serpent, I say again!" repeated the Pigeon, but in a more subdued tone, and added with a kind of sob, "I've tried every way, and nothing seems to suit them!"

« Serpent! Je le répète,» dit le Pigeon, mais d'un ton plus doux; puis il continua avec une espèce de sanglot: « J'ai essayé de toutes les façons, rien ne semble les satisfaire.»

"I haven't the least idea what you're talking about," said Alice.

« Je n'ai pas la moindre idée de ce que vous voulez dire,» répondit Alice.

"I've tried the roots of trees, and I've tried banks, and I've tried hedges," the Pigeon went on, without attending to her; "but those serpents! There's no pleasing them!"

« J'ai essayé des racines d'arbres; j'ai essayé des talus; j'ai essayé des haies,» continua le Pigeon sans faire attention à elle. « Mais ces serpents! il n'y a pas moyen de les satisfaire.»

Alice was more and more puzzled, but she thought there was no use in saying anything more till the Pigeon had finished.

Alice était de plus en plus intriguée, mais elle pensa que ce n'était pas la peine de rien dire avant que le Pigeon eût fini de parler.

"As if it wasn't trouble enough hatching the eggs," said the Pigeon; "but I must be on the look-out for serpents, night and day! Why, I haven't had a wink of sleep these three weeks!"

« Je n'ai donc pas assez de mal à couver mes œufs,» dit le Pigeon. « Il faut encore que je guette les serpents nuit et jour. Je n'ai pas fermé l'œil depuis trois semaines!»

"I'm very sorry you've been annoyed," said Alice, who was beginning to see its meaning.

« Je suis fâchée que vous ayez été tourmenté,» dit Alice, qui commençait à comprendre.

"And just as I'd taken the highest tree in the wood," continued the Pigeon, raising its voice to a shriek, "and just as I was thinking I should

« Au moment ou je venais de choisir l'arbre le plus haut de la forêt,» continua le Pigeon en élevant la voix jusqu'à crier, —

be free of them at last, they must needs come wriggling down from the sky! Ugh, Serpent!"

"But I'm not a serpent, I tell you!" said Alice. "I'm a——I'm a——"

"Well! What are you?" said the Pigeon. "I can see you're trying to invent something!"

"I—I'm a little girl," said Alice, rather doubtfully, as she remembered the number of changes she had gone through, that day.

"A likely story indeed!" said the Pigeon, in a tone of the deepest contempt. "I've seen a good many little girls in my time, but never one with such a neck as that! No, no! You're a serpent; and there's no use denying it. I suppose you'll be telling me next that you never tasted an egg!"

"I have tasted eggs, certainly," said Alice, who was a very truthful child; "but little girls eat eggs quite as much as serpents do, you know."

"I don't believe it," said the Pigeon; "but if they do, why then they're a kind of serpent: that's all I can say."

This was such a new idea to Alice, that she was quite silent for a minute or two, which gave the Pigeon the opportunity of adding "You're looking for eggs, I know

« au moment où je me figurais que j'allais en être enfin débarrassé, les voilà qui tombent du ciel» en replis tortueux. « Oh! le vilain serpent!»

« Mais je ne suis pas un serpent,» dit Alice. « Je suis une —Je suis— »

« Eh bien! qu'êtes-vous!» dit le Pigeon « Je vois que vous cherchez à inventer quelque chose.»

« Je — je suis une petite fille,» répondit Alice avec quelque hésitation, car elle se rappelait combien de changements elle avait éprouvés ce jour-là.

« Voilà une histoire bien vraisemblable!» dit le Pigeon d'un air de profond mépris. « J'ai vu bien des petites filles dans mon temps, mais je n'en ai jamais vu avec un cou comme cela. Non, non; vous êtes un serpent; il est inutile de le nier. Vous allez sans doute me dire que vous n'avez jamais mangé d'œufs.»

« Si fait, j'ai mangé des œufs,» dit Alice, qui ne savait pas mentir; « mais vous savez que les petites filles mangent des œufs aussi bien que les serpents.»

« Je n'en crois rien,» dit le Pigeon, « mais s'il en est ainsi, elles sont une espèce de serpent; c'est tout ce que j'ai à vous dire.»

Cette idée était si nouvelle pour Alice qu'elle resta muette pendant une ou deux minutes, ce qui donna au Pigeon le temps d'ajouter:» Vous cherchez des that well enough; and what does it matter to me whether you're a little girl or a serpent?"

"It matters a good deal to me," said Alice hastily; "but I'm not looking for eggs, as it happens; and, if I was, I shouldn't want yours: I don't like them raw."

"Well, be off, then!" said the Pigeon in a sulky tone, as it settled down again into its nest. Alice crouched down among the trees as well as she could, for her neck kept getting entangled among the branches, and every now and then she had to stop and untwist it. After a while she remembered that she still held the pieces of mushroom in her hands, and she set to work very carefully, nibbling first at one and then at the other, and growing sometimes taller, and sometimes shorter, until she had succeeded in bringing herself down to her usual height.

It was so long since she had been anything near the right size, that it felt quite strange at first; but she got used to it in a few minutes, and began talking to herself, as usual, "Come, there's half my plan done now! How puzzling all these changes are! I'm never sure what I'm going to be, from one minute to another! However, I've got back to my right size: the next thing is, to get into that beautiful garden— how is that to be done, I wonder?" As she said this, she came

œufs, ça j'en suis bien sûr, et alors que m'importe que vous soyez une petite fille ou un serpent?»

« Cela m'importe beaucoup à moi,» dit Alice vivement; « mais je ne cherche pas d'œufs justement, et quand même j'en chercherais je ne voudrais pas des vôtres; je ne les aime pas crus.»

« Eh bien! allez-vous-en alors,» dit le Pigeon d'un ton boudeur en se remettant dans son nid. Alice se glissa parmi les arbres du mieux qu'elle put en se baissant, car son cou s'entortillait dans les branches, et à chaque instant il lui fallait s'arrêter et le désentortiller. Au bout de quelque temps, elle se rappela qu'elle tenait encore dans ses mains les morceaux de champignon, et elle se mit à l'œuvre avec grand soin, grignotant tantôt l'un, tantôt l'autre, et tantôt grandissant, tantôt rapetissant, jusqu'à ce qu'enfin elle parvint à se ramener à sa grandeur naturelle.

Il y avait si longtemps qu'elle n'avait été d'une taille raisonnable que cela lui parut d'abord tout drôle, mais elle finit par s'y accoutumer, et commença à se parler à elle-même, comme d'habitude. « Allons, voilà maintenant la moitié de mon projet exécuté. Comme tous ces changements sont embarrassants! Je ne suis jamais sûre de ce que je vais devenir d'une minute à l'autre. Toutefois, je suis redevenue de la bonne grandeur;

suddenly upon an open place, with a little house in it about four feet high. "Whoever lives there," thought Alice, "it'll never do to come upon them this size: why, I should frighten them out of their wits!" So she began nibbling at the right-hand bit again, and did not venture to go near the house till she had brought herself down to nine inches high.

il me reste maintenant à pénétrer dans ce magnifique jardin. Comment faire?» En disant ces mots elle arriva tout à coup à une clairière, où se trouvait une maison d'environ quatre pieds de haut.» Quels que soient les gens qui demeurent là,» pensa Alice, « il ne serait pas raisonnable de se présenter à eux grande comme je suis. Ils deviendraient fous de frayeur.» Elle se mit de nouveau à grignoter le morceau qu'elle tenait dans sa main droite, et ne s'aventura pas près de la maison avant d'avoir réduit sa taille à neuf pouces.

# PIG AND PEPPER

## PIG AND PEPPER

For a minute or two she stood looking at the house, and wondering what to do next, when suddenly a footman in livery came running out of the wood—(she considered him to be a footman because he was in livery: otherwise, judging by his face only, she would have called him a fish)—and rapped loudly at the door with his knuckles. It was opened by another footman in livery, with a round face, and large

## PORC ET POIVRE

Alice resta une ou deux minutes à regarder à la porte; elle se demandait ce qu'il fallait faire, quand tout à coup un laquais en livrée sortit du bois en courant. (Elle le prit pour un laquais à cause de sa livrée; sans cela, à n'en juger que par la figure, elle l'aurait pris pour un poisson.) Il frappa fortement avec son doigt à la porte. Elle fut ouverte par un autre laquais en livrée qui avait la face toute ronde et de gros yeux eyes like a frog; and both footmen, Alice noticed, had powdered hair that curled all over their heads. She felt very curious to know what it was all about, and crept a little way out of the wood to listen.

The Fish-Footman began by producing from under his arm a great letter, nearly as large as himself, and this he handed over to the other, saying, in a solemn tone, "For the Duchess. An invitation from the Queen to play croquet." The Frog-Footman repeated, in the same solemn tone, only changing the order of the words a little, "From the Queen. An invitation for the Duchess to play croquet." Then they both bowed low, and their curls got entangled together.

Alice laughed so much at this, that she had to run back into the wood for fear of their hearing her; and, when she next peeped out, the Fish-Footman was gone, and the other was sitting on the ground near the door, staring stupidly up into the sky.

Alice went timidly up to the door, and knocked.

"There's no sort of use in knocking," said the Footman, "and that for two reasons. First, because I'm on the same side of the door as you are: secondly, because they're making such a

comme une grenouille. Alice remarqua que les deux laquais avaient les cheveux poudrés et tout frisés. Elle se sentit piquée de curiosité, et, voulant savoir ce que tout cela signifiait, elle se glissa un peu en dehors du bois afin d'écouter.

Le Laquais-Poisson prit de dessous son bras une lettre énorme, presque aussi grande que lui, et la présenta au Laquais-Grenouille en disant d'un ton solennel: « Pour Madame la Duchesse, une invitation de la Reine à une partie de croquet.» Le Laquais-Grenouille répéta sur le même ton solennel, en changeant un peu l'ordre des mots: « De la part de la Reine une invitation pour Madame la Duchesse à une partie de croquet; » puis tous deux se firent un profond salut et les boucles de leurs chevelures s'entremêlèrent.

Cela fit tellement rire Alice qu'elle eut à rentrer bien vite dans le bois de peur d'être entendue; et quand elle avança la tête pour regarder de nouveau, le Laquais-Poisson était parti, et l'autre était assis par terre près de la route, regardant niaisement en l'air.

Alice s'approcha timidement de la porte et frappa.

« Cela ne sert à rien du tout de frapper,» dit le Laquais, « et cela pour deux raisons: premièrement, parce que je suis du même côté de la porte que vous; deuxièmement, parce qu'on fait là-dedans un tel noise inside, no one could possibly hear you." And certainly there was a most extraordinary noise going on within—a constant howling and sneezing, and every now and then a great crash, as if a dish or kettle had been broken to pieces.

"Please, then," said Alice, "how am I to get in?"

"There might be some sense in your knocking," the Footman went on, without attending to her, "if we had the door between us. For instance, if you were inside, you might knock, and I could let you out, you know." He was looking up into the sky all the time he was speaking, and this Alice thought decidedly uncivil. "But perhaps he ca'n't help it," she said to herself; "his eyes are so very nearly at the top of his head. But at any rate he might answer questions.—How am I to get in?" she repeated, aloud.

"I shall sit here," the Footman remarked, "till to-morrow——"

At this moment the door of the house opened, and a large plate came skimming out, straight at the Footman's head: it just grazed his nose, and broke to pieces against one of the trees behind him.

"——or next day, maybe," the Footman continued in the same tone, exactly as if nothing had happened.

"How am I to get in?" asked Alice again, in a louder tone.

bruit que personne ne peut vous entendre.» En effet, il se faisait dans l'intérieur un bruit extraordinaire, des hurlements et des éternuements continuels, et de temps à autre un grand fracas comme si on brisait de la vaisselle.

« Eh bien! comment puis-je entrer, s'il vous plaît?» demanda Alice.

« Il y aurait quelque bon sens à frapper à cette porte,» continua le Laquais sans l'écouter, « si nous avions la porte entre nous deux. Par exemple, si vous étiez à l'intérieur vous pourriez frapper et je pourrais vous laisser sortir.» Il regardait en l'air tout le temps qu'il parlait, et Alice trouvait cela très-impoli. « Mais peut-être ne peut-il pas s'en empêcher,» dit-elle; « il a les yeux presque sur le sommet de la tête. Dans tous les cas il pourrait bien répondre à mes questions. — Comment faire pour entrer?» répéta-t-elle tout haut.

« Je vais rester assis ici,» dit le Laquais, « jusqu'à demain —»

Au même instant la porte de la maison s'ouvrit, et une grande assiette vola tout droit dans la direction de la tête du Laquais; elle lui effleura le nez, et alla se briser contre un arbre derrière lui.

« — ou le jour suivant peut-être,» continua le Laquais sur le même ton, tout comme si rien n'était arrivé.

« Comment faire pour entrer?» redemanda Alice en élevant la

voix.

"Are you to get in at all?" said the Footman. "That's the first question, you know."

« Mais devriez-vous entrer?» dit le Laquais. « C'est ce qu'il faut se demander, n'est-ce pas?»

It was, no doubt: only Alice did not like to be told so. "It's really dreadful," she muttered to herself, "the way all the creatures argue. It's enough to drive one crazy!"

Bien certainement, mais Alice trouva mauvais qu'on le lui dît. « C'est vraiment terrible,» murmura-t-elle, « de voir la manière dont ces gens-là discutent, il y a de quoi rendre fou.»

The Footman seemed to think this a good opportunity for repeating his remark, with variations. "I shall sit here," he said, "on and off, for days and days."

Le Laquais trouva l'occasion bonne pour répéter son observation avec des variantes.» Je resterai assis ici,» dit-il, « l'un dans l'autre, pendant des jours et des jours!»

"But what am I to do?" said Alice.

« Mais que faut-il que je fasse?» dit Alice.

"Anything you like," said the Footman, and began whistling.

« Tout ce que vous voudrez,» dit le Laquais; et il se mit à siffler.

"Oh, there's no use in talking to him," said Alice desperately: "he's

« Oh! ce n'est pas la peine de lui parler,» dit Alice, désespérée;

perfectly idiotic!" And she opened the door and went in.

The door led right into a large kitchen, which was full of smoke from one end to the other: the Duchess was sitting on a three-legged stool in the middle, nursing a baby: the cook was leaning over the fire, stirring a large cauldron which seemed to be full of soup.

"There's certainly too much pepper in that soup!" Alice said to herself, as well as she could for sneezing.

There was certainly too much of it in the air. Even the Duchess sneezed occasionally; and as for the baby, it was sneezing and howling alternately without a moment's pause. The only things in the kitchen that did not sneeze, were the cook, and a large cat, which was lying on the hearth and grinning from ear to ear.

"Please would you tell me," said Alice, a little timidly, for she was not quite sure whether it was good manners for her to speak first, "why your cat grins like that?"

"It's a Cheshire-Cat," said the Duchess, "and that's why. Pig!"

She said the last word with such sudden violence that Alice quite jumped; but she saw in another

« c'est un parfait idiot.» Puis elle ouvrit la porte et entra.

La porte donnait sur une grande cuisine qui était pleine de fumée d'un bout à l'autre. La Duchesse était assise sur un tabouret à trois pieds, au milieu de la cuisine, et dorlotait un bébé; la cuisinière, penchée sur le feu, brassait quelque chose dans un grand chaudron qui paraissait rempli de soupe.

« Bien sûr, il y a trop de poivre dans la soupe,» se dit Alice, tout empêchée par les éternuements.

Il y en avait certainement trop dans l'air. La Duchesse elle-même éternuait de temps en temps, et quant au bébé il éternuait et hurlait alternativement sans aucune interruption. Les deux seules créatures qui n'éternuassent pas, étaient la cuisinière et un gros chat assis sur l'âtre et dont la bouche grimaçante était fendue d'une oreille à l'autre.

« Pourriez-vous m'apprendre,» dit Alice un peu timidement, car elle ne savait pas s'il était bien convenable qu'elle parlât la première, « pourquoi votre chat grimace ainsi?»

« C'est un Grimaçon,» dit la Duchesse; « voilà pourquoi. — Porc!»

Elle prononça ce dernier mot si fort et si subitement qu'Alice en frémit. Mais elle comprit bientôt moment that it was addressed to the baby, and not to her, so she took courage, and went on again:—

"I didn't know that Cheshire-Cats always grinned; in fact, I didn't know that cats could grin."

"They all can," said the Duchess; "and most of 'em do."

"I don't know of any that do," Alice said very politely, feeling quite pleased to have got into a conversation.

"You don't know much," said the Duchess; "and that's a fact."

Alice did not at all like the tone of this remark, and thought it would be as well to introduce some other subject of conversation. While she was trying to fix on one, the cook took the cauldron of soup off the fire, and at once set to work throwing everything within her reach at the Duchess and the baby—the fire-irons came first; then followed a shower of saucepans, plates, and dishes. The Duchess took no notice of them even when they hit her; and the baby was howling so much already, that it was quite impossible to say whether the blows hurt it or not.

"Oh, please mind what you're doing!" cried Alice, jumping up and down in an agony of terror. "Oh, there goes his precious nose!", as an unusually large saucepan flew close by it, and very

que cela s'adressait au bébé et non pas à elle; elle reprit donc courage et continua:

« J'ignorais qu'il y eût des chats de cette espèce. Au fait j'ignorais qu'un chat pût grimacer.»

« Ils le peuvent tous,» dit la Duchesse; « et la plupart le font.»

« Je n'en connais pas un qui grimace,» dit Alice poliment, bien contente d'être entrée en conversation.

« Le fait est que vous ne savez pas grand'chose,» dit la Duchesse.

Le ton sur lequel fut faite cette observation ne plut pas du tout à Alice, et elle pensa qu'il serait bon de changer la conversation. Tandis qu'elle cherchait un autre sujet, la cuisinière retira de dessus le feu le chaudron plein de soupe, et se mit aussitôt à jeter tout ce qui lui tomba sous la main à la Duchesse et au bébé — la pelle et les pincettes d'abord, à leur suite vint une pluie de casseroles, d'assiettes et de plats. La Duchesse n'y faisait pas la moindre attention, même quand elle en était atteinte, et l'enfant hurlait déjà si fort auparavant qu'il était impossible de savoir si les coups lui faisaient mal ou non.

« Oh! je vous en prie, prenez garde à ce que vous faites,» criait Alice, sautant çà et là et en proie à la terreur. « Oh! son cher petit nez!» Une casserole d'une grandeur peu ordinaire venait de nearly carried it off.

"If everybody minded their own business," the Duchess said, in a hoarse growl, "the world would go round a deal faster than it does."

"Which would not be an advantage," said Alice, who felt very glad to get an opportunity of showing off a little of her knowledge. "Just think of what work it would make with the day and night! You see the earth takes twenty-four hours to turn round on its axis——"

"Talking of axes," said the Duchess, "chop off her head!"

Alice glanced rather anxiously at the cook, to see if she meant to take the hint; but the cook was busily stirring the soup, and seemed not to be listening, so she went on again: "Twenty-four hours, I think; or is it twelve? I—"

"Oh, don't bother me!" said the Duchess. "I never could abide figures!" And with that she began nursing her child again, singing a sort of lullaby to it as she did so, and giving it a violent shake at the end of every line:—

*"Speak roughly to your little boy,*
*And beat him when he sneezes:*
*He only does it to annoy,*
*Because he knows it teases."*
*CHORUS*
*(in which the cook and the baby*

voler tout près du bébé, et avait failli lui emporter le nez.

« Si chacun s'occupait de ses affaires,» dit la Duchesse avec un grognement rauque, « le monde n'en irait que mieux.»

« Ce qui ne serait guère avantageux,» dit Alice, enchantée qu'il se présentât une occasion de montrer un peu de son savoir. « Songez à ce que deviendraient le jour et la nuit; vous voyez bien, la terre met vingt-quatre heures à faire sa révolution.»

« Ah! vous parlez de faire des révolutions!» dit la Duchesse. « Qu'on lui coupe la tête!»

Alice jeta un regard inquiet sur la cuisinière pour voir si elle allait obéir; mais la cuisinière était tout occupée à brasser la soupe et paraissait ne pas écouter. Alice continua donc: « Vingt-quatre heures, je crois, ou bien douze? Je pense —»

« Oh! laissez-moi la paix,» dit la Duchesse,» je n'ai jamais pu souffrir les chiffres. « Et là-dessus elle recommença à dorloter son enfant, lui chantant une espèce de chanson pour l'endormir et lui donnant une forte secousse au bout de chaque vers.

*« Grondez-moi ce vilain garçon!*
*Battez-le quand il éternue;*
*À vous taquiner, sans façon*
*Le méchant enfant s'évertue.»*
*REFRAIN*
*(que reprirent en chœur la*

*joined):—*
"Wow! Wow! Wow!"

While the Duchess sang the second verse of the song, she kept tossing the baby violently up and down, and the poor little thing howled so, that Alice could hardly hear the words:—

*"I speak severely to my boy,*
*I beat him when he sneezes;*
*For he can thoroughly enjoy*
*The pepper when he pleases!"*

*CHORUS*
*"Wow! wow! wow!"*

"Here! You may nurse it a bit, if you like!" the Duchess said to Alice, flinging the baby at her as she spoke. "I must go and get ready to play croquet with the Queen," and she hurried out of the room. The cook threw a frying-pan after her as she went, but it just missed her.

Alice caught the baby with some difficulty, as it was a queer-shaped little creature, and held out its arms and legs in all directions, "just like a star-fish," thought Alice. The poor little thing was snorting like a steam-engine when she caught it, and kept doubling itself up and straightening itself out again, so that altogether, for the first minute or two, it was as much as she could do to hold it.

*cuisinière et le bébé).*
« Brou, Brou, Brou!» (bis.)

En chantant le second couplet de la chanson la Duchesse faisait sauter le bébé et le secouait violemment, si bien que le pauvre petit être hurlait au point qu'Alice put à peine entendre ces mots:

*« Oui, oui, je m'en vais le gronder,*
*Et le battre, s'il éternue;*
*Car bientôt à savoir poivrer,*
*Je veux que l'enfant s'habitue.»*

*REFRAIN*
« Brou, Brou, Brou!» (bis.)

« Tenez, vous pouvez le dorloter si vous voulez!» dit la Duchesse à Alice: et à ces mots elle lui jeta le bébé. « Il faut que j'aille m'apprêter pour aller jouer au croquet avec la Reine.» Et elle se précipita hors de la chambre. La cuisinière lui lança une poêle comme elle s'en allait, mais elle la manqua tout juste.

Alice eut de la peine à attraper le bébé. C'était un petit être d'une forme étrange qui tenait ses bras et ses jambes étendus dans toutes les directions; « Tout comme une étoile de mer,» pensait Alice. La pauvre petite créature ronflait comme une machine à vapeur lorsqu'elle l'attrapa, et ne cessait de se plier en deux, puis de s'étendre tout droit, de sorte qu'avec tout cela, pendant les premiers instants, c'est tout ce qu'elle pouvait faire que de le

As soon as she had made out the proper way of nursing it (which was to twist it up into a sort of knot, and then keep tight hold of its right ear and left foot, so as to prevent its undoing itself), she carried it out into the open air. "If I don't take this child away with me," thought Alice, "they're sure to kill it in a day or two. Wouldn't it be murder to leave it behind?" She said the last words out loud, and the little thing grunted in reply (it had left off sneezing by this time). "Don't grunt," said Alice; "that's not at all a proper way of expressing yourself."

The baby grunted again, and Alice looked very anxiously into its face to see what was the matter with It. There could be no doubt that it had a very turn-up nose, much more like a snout than a real nose: also its eyes were getting extremely small for a baby: altogether Alice did not like the look of the thing at all. "But perhaps it was only sobbing," she thought, and looked into its eyes again, to see if there were any tears.

tenir.

Sitôt qu'elle eut trouvé le bon moyen de le bercer, (qui était d'en faire une espèce de nœud, et puis de le tenir fermement par l'oreille droite et le pied gauche afin de l'empêcher de se dénouer,) elle le porta dehors en plein air.» Si je n'emporte pas cet enfant avec moi,» pensa Alice, « ils le tueront bien sûr un de ces jours. Ne serait-ce pas un meurtre de l'abandonner?» Elle dit ces derniers mots à haute voix, et la petite créature répondit en grognant (elle avait cessé d'éternuer alors). « Ne grogne pas ainsi,» dit Alice; « ce n'est pas là du tout une bonne manière de s'exprimer.»

Le bébé grogna de nouveau. Alice le regarda au visage avec inquiétude pour voir ce qu'il avait. Sans contredit son nez était très-retroussé, et ressemblait bien plutôt à un groin qu'à un vrai nez. Ses yeux aussi devenaient très-petits pour un bébé. Enfin Alice ne trouva pas du tout de son goût l'aspect de ce petit être. « Mais peut-être sanglotait-il tout simplement,» pensa-t-elle, et elle regarda de nouveau les yeux du bébé pour voir s'il n'y avait pas de larmes. « Si tu vas te changer en porc,» dit Alice très-sérieusement, « je ne veux plus rien avoir à faire avec toi. Fais-y bien attention!»

No, there were no tears. "If you're going to turn into a pig, my dear," said Alice, seriously, "I'll have nothing more to do with you. Mind now!" The poor little thing sobbed again (or grunted, it was impossible to say which), and they went on for some while in silence.

Alice was just beginning to think to herself, "Now, what am I to do with this creature, when I get it home?" when it grunted again, so violently, that she looked down into its face in some alarm. This time there could be no mistake about it: it was neither more nor less than a pig, and she felt that it would be quite absurd for her to carry it any further.

So she set the little creature down, and felt quite relieved to see it trot away quietly into the wood.

La pauvre petite créature sanglota de nouveau, ou grogna (il était impossible de savoir lequel des deux), et ils continuèrent leur chemin un instant en silence.

Alice commençait à dire en elle-même, « Mais, que faire de cette créature quand je l'aurai portée à la maison?» lorsqu'il grogna de nouveau si fort qu'elle regarda sa figure avec quelque inquiétude. Cette fois il n'y avait pas à s'y tromper, c'était un porc, ni plus ni moins, et elle comprit qu'il serait ridicule de le porter plus loin.

Elle déposa donc par terre le petit animal, et se sentit toute soulagée de le voir trotter tranquillement

"If it had grown up," she said to herself, "it would have made a dreadfully ugly child: but it makes rather a handsome pig, I think." And she began thinking over other children she knew, who might do very well as pigs, and was just saying to herself "if one only knew the right way to change them——" when she was a little startled by seeing the Cheshire-Cat sitting on a bough of a tree a few yards off.

The Cat only grinned when it saw Alice. It looked good-natured, she thought: still it had very long claws and a great many teeth, so she felt that it ought to be treated with respect.

"Cheshire Puss," she began, rather timidly, as she did not at all know whether it would like the name: however, it only grinned a little wider.

"Come, it's pleased so far," thought Alice, and she went on. "Would you tell me, please, which way I ought to go from here?"

"That depends a good deal on where you want to get to," said the Cat.

"I don't much care where——" said Alice.

"Then it doesn't matter which way you go," said the Cat.

"——so long as I get somewhere," Alice added as an explanation.

vers le bois. « S'il avait grandi,» se dit-elle, « il serait devenu un bien vilain enfant; tandis qu'il fait un assez joli petit porc, il me semble.» Alors elle se mit à penser à d'autres enfants qu'elle connaissait et qui feraient d'assez jolis porcs, si seulement on savait la manière de s'y prendre pour les métamorphoser. Elle était en train de faire ces réflexions, lorsqu'elle tressaillit en voyant tout à coup le Chat assis à quelques pas de là sur la branche d'un arbre.

Le Chat grimaça en apercevant Alice. Elle trouva qu'il avait l'air bon enfant, et cependant il avait de très-longues griffes et une grande rangée de dents; aussi comprit-elle qu'il fallait le traiter avec respect.

« Grimaçon!» commença-t-elle un peu timidement, ne sachant pas du tout si cette familiarité lui serait agréable; toutefois il ne fit qu'allonger sa grimace.

« Allons, il est content jusqu'à présent,» pensa Alice, et elle continua: « Dites-moi, je vous prie, de quel côté faut-il me diriger?»

« Cela dépend beaucoup de l'endroit où vous voulez aller,» dit le Chat.

« Cela m'est assez indifférent,» dit Alice.

« Alors peu importe de quel côté vous irez,» dit le Chat.

« Pourvu que j'arrive quelque part,» ajouta Alice en explication.

"Oh, you're sure to do that," said the Cat, "if you only walk long enough."

« Cela ne peut manquer, pourvu que vous marchiez assez longtemps.»

Alice felt that this could not be denied, so she tried another question. "What sort of people live about here?"

Alice comprit que cela était incontestable; elle essaya donc d'une autre question: « Quels sont les gens qui demeurent par ici?»

"In that direction," the Cat said, waving its right paw round, "lives a Hatter: and in that direction," waving the other paw, "lives a March Hare. Visit either you like: they're both mad."

« De ce côté-ci,» dit le Chat, décrivant un cercle avec sa patte droite, « demeure un chapelier; de ce côté-là,» faisant de même avec sa patte gauche, « demeure un lièvre. Allez voir celui que vous voudrez, tous deux sont fous.»

"But I don't want to go among mad people," Alice remarked.

« Mais je ne veux pas fréquenter des fous,» fit observer Alice.

"Oh, you ca'n't help that," said the Cat: "we're all mad here. I'm mad.

« Vous ne pouvez pas vous en défendre, tout le monde est fou

You're mad."

"How do you know I'm mad?" said Alice.

"You must be," said the Cat, "or you wouldn't have come here."

Alice didn't think that proved it at all: however, she went on: "And how do you know that you're mad?"

"To begin with," said the Cat, "a dog's not mad. You grant that?"

"I suppose so," said Alice.

"Well, then," the Cat went on, "you see, a dog growls when it's angry, and wags its tail when it's pleased. Now I growl when I'm pleased, and wag my tail when I'm angry. Therefore I'm mad."

"I call it purring, not growling," said Alice.

"Call it what you like," said the Cat. "Do you play croquet with the Queen to-day?"

"I should like it very much," said Alice, "but I haven't been invited yet."

"You'll see me there," said the Cat, and vanished.

Alice was not much surprised at this, she was getting so used to queer things happening. While she was looking at the place where it had been, it suddenly appeared

ici. Je suis fou, vous êtes folle.»

« Comment savez-vous que je suis folle?» dit Alice.

« Vous devez l'être,» dit le Chat, « sans cela ne seriez pas venue ici.»

Alice pensa que cela ne prouvait rien. Toutefois elle continua:» Et comment savez-vous que vous êtes fou?»

« D'abord,» dit le Chat, « un chien n'est pas fou; vous convenez de cela.»

« Je le suppose,» dit Alice.

« Eh bien!» continua le Chat, « un chien grogne quand il se fâche, et remue la queue lorsqu'il est content. Or, moi, je grogne quand je suis content, et je remue la queue quand je me fâche. Donc je suis fou.»

« J'appelle cela faire le rouet, et non pas grogner,» dit Alice.

« Appelez cela comme vous voudrez,» dit le Chat. « Jouez-vous au croquet avec la Reine aujourd'hui?»

« Cela me ferait grand plaisir,» dit Alice, « mais je n'ai pas été invitée.»

« Vous m'y verrez,» dit le Chat; et il disparut.

Alice ne fut pas très-étonnée, tant elle commençait à s'habituer aux événements extraordinaires. Tandis qu'elle regardait encore l'endroit que le Chat venait de again.

"By-the-bye, what became of the baby?" said the Cat. "I'd nearly forgotten to ask."

"It turned into a pig," Alice quietly said, just as if the Cat had come back in a natural way.

"I thought it would," said the Cat, and vanished again.

Alice waited a little, half expecting to see it again, but it did not appear, and after a minute or two she walked on in the direction in which the March Hare was said to live. "I've seen hatters before," she said to herself: "the March Hare will be much the most interesting, and perhaps, as this is May, it wo'n't be raving mad—at least not so mad as it was in March." As she said this, she looked up, and there was the Cat again, sitting on a branch of a tree.

"Did you say 'pig', or 'fig'?" said the Cat.

quitter, il reparut tout à coup.

« À propos, qu'est devenu le bébé? J'allais oublier de le demander.»

« Il a été changé en porc,» dit tranquillement Alice, comme si le Chat était revenu d'une manière naturelle.

« Je m'en doutais,» dit le Chat; et il disparut de nouveau.

Alice attendit quelques instants, espérant presque le revoir, mais il ne reparut pas; et une ou deux minutes après, elle continua son chemin dans la direction où on lui avait dit que demeurait le Lièvre. «J'ai déjà vu des chapeliers,» se dit-elle; « le Lièvre sera de beaucoup le plus intéressant.» À ces mots elle leva les yeux, et voilà que le Chat était encore là assis sur une branche d'arbre.

« M'avez-vous dit porc, ou porte?» demanda le Chat.

"I said 'pig'," replied Alice; "and I wish you wouldn't keep appearing and vanishing so suddenly: you make one quite giddy."

"All right," said the Cat; and this time it vanished quite slowly, beginning with the end of the tail, and ending with the grin, which remained some time after the rest of it had gone.

"Well! I've often seen a cat without a grin," thought Alice; "but a grin without a cat! It's the most curious thing I ever saw in all my life!"

She had not gone much farther before she came in sight of the house of the March Hare: she thought it must be the right house, because the chimneys were shaped like ears and the roof was thatched with fur. It was so large a house, that she did not like to go nearer till she had nibbled some more of the left-hand bit of mushroom, and raised herself to about two feet high: even then she walked up towards it rather timidly, saying to herself "Suppose it should be raving mad after all! I almost wish I'd gone to see the Hatter instead!"

« J'ai dit porc,» répéta Alice. « Ne vous amusez donc pas à paraître et à disparaître si subitement, vous faites tourner la tête aux gens.»

« C'est bon,» dit le Chat, et cette fois il s'évanouit tout doucement à commencer par le bout de la queue, et finissant par sa grimace qui demeura quelque temps après que le reste fut disparu.

« Certes,» pensa Alice, « j'ai souvent vu un chat sans grimace, mais une grimace sans chat, je n'ai jamais de ma vie rien vu de si drôle.»

Elle ne fit pas beaucoup de chemin avant d'arriver devant la maison du Lièvre. Elle pensa que ce devait bien être là la maison, car les cheminées étaient en forme d'oreilles et le toit était couvert de fourrure. La maison était si grande qu'elle n'osa s'approcher avant d'avoir grignoté encore un peu du morceau de champignon qu'elle avait dans la main gauche, et d'avoir atteint la taille de deux pieds environ; et même alors elle avança timidement en se disant: « Si après tout il était fou furieux! Je voudrais presque avoir été faire visite au Chapelier plutôt que d'être venue ici.»

# A MAD TEA PARTY

## A MAD TEA PARTY

There was a table set out under a tree in front of the house, and the March Hare and the Hatter were having tea at it: a Dormouse was sitting between them, fast asleep, and the other two were using it as a cushion, resting their elbows on it, and talking over its head. "Very uncomfortable for the Dormouse," thought Alice; "only as it's asleep, I suppose it doesn't mind."

## UN THÉ DE FOUS

Il y avait une table servie sous un arbre devant la maison, et le Lièvre y prenait le thé avec le Chapelier. Un Loir profondément endormi était assis entre les deux autres qui s'en servaient comme d'un coussin, le coude appuyé sur lui et causant par-dessus sa tête. « Bien gênant pour le Loir,» pensa Alice. « Mais comme il est endormi je suppose que cela lui est égal.»

The table was a large one, but the three were all crowded together at one corner of it. "No room! No room!" they cried out when they saw Alice coming. "There's plenty

Bien que la table fût très-grande, ils étaient tous trois serrés l'un contre l'autre à un des coins. « Il n'y a pas de place! Il n'y a pas de place!» crièrent-ils en voyant of room!" said Alice indignantly, and she sat down in a large arm-chair at one end of the table.

"Have some wine," the March Hare said in an encouraging tone.

Alice looked all round the table, but there was nothing on it but tea. "I don't see any wine," she remarked.

"There isn't any," said the March Hare.

"Then it wasn't very civil of you to offer it," said Alice angrily.

"It wasn't very civil of you to sit down without being invited," said the March Hare.

"I didn't know it was your table," said Alice: "it's laid for a great many more than three."

"Your hair wants cutting," said the Hatter. He had been looking at Alice for some time with great curiosity, and this was his first speech.

"You should learn not to make personal remarks," Alice said with some severity: "it's very rude."

The Hatter opened his eyes very wide on hearing this; but all he said was "Why is a raven like a writing-desk?"

"Come, we shall have some fun

Alice. « Il y a abondance de place,» dit Alice indignée, et elle s'assit dans un large fauteuil à l'un des bouts de la table.

« Prenez donc du vin,» dit le Lièvre d'un ton engageant.

Alice regarda tout autour de la table, mais il n'y avait que du thé. « Je ne vois pas de vin,» fit-elle observer.

« Il n'y en a pas,» dit le Lièvre.

« En ce cas il n'était pas très-poli de votre part de m'en offrir,» dit Alice d'un ton fâché.

« Il n'était pas non plus très-poli de votre part de vous mettre à table avant d'y être invitée,» dit le Lièvre.

« J'ignorais que ce fût votre table,» dit Alice.» Il y a des couverts pour bien plus de trois convives.»

« Vos cheveux ont besoin d'être coupés,» dit le Chapelier. Il avait considéré Alice pendant quelque temps avec beaucoup de curiosité, et ce fut la première parole qu'il lui adressa.

« Vous devriez apprendre à ne pas faire de remarques sur les gens; c'est très-grossier,» dit Alice d'un ton sévère.

À ces mots le Chapelier ouvrit de grands yeux; mais il se contenta de dire : « Pourquoi une pie ressemble-t-elle à un pupitre?»

« Bon! nous allons nous amuser,»

now!" thought Alice. "I'm glad they've begun asking riddles—I believe I can guess that," she added aloud.

"Do you mean that you think you can find out the answer to it?" said the March Hare.

"Exactly so," said Alice.

"Then you should say what you mean," the March Hare went on.

"I do," Alice hastily replied; "at least—at least I mean what I say—that's the same thing, you know."

"Not the same thing a bit!" said the Hatter. "You might just as well say that 'I see what I eat' is the same thing as 'I eat what I see'!"

"You might just as well say," added the March Hare, "that 'I like what I get' is the same thing as 'I get what I like'!"

"You might just as well say," added the Dormouse, who seemed to be talking in its sleep, "that 'I breathe when I sleep' is the same thing as 'I sleep when I breathe'!"

"It is the same thing with you," said the Hatter, and here the conversation dropped, and the party sat silent for a minute, while Alice thought over all she could remember about ravens and

pensa Alice. « Je suis bien aise qu'ils se mettent à demander des énigmes. Je crois pouvoir deviner cela,» ajouta-t-elle tout haut.

« Voulez-vous dire que vous croyez pouvoir trouver la réponse?» dit le Lièvre.

« Précisément,» répondit Alice.

« Alors vous devriez dire ce que vous voulez dire,» continua le Lièvre.

« C'est ce que je fais,» répliqua vivement Alice. « Du moins — je veux dire ce que je dis; c'est la même chose, n'est-ce pas?»

« Ce n'est pas du tout la même chose,» dit le Chapelier. « Vous pourriez alors dire tout aussi bien que: « Je vois ce que je mange,» est la même chose que: « Je mange ce que je vois.» »

« Vous pourriez alors dire tout aussi bien,» ajouta le Lièvre, « que: « J'aime ce qu'on me donne,» est la même chose que: « On me donne ce que j'aime.» »

« Vous pourriez dire tout aussi bien,» ajouta le Loir, qui paraissait parler tout endormi, « que: « Je respire quand je dors,» est la même chose que: « Je dors quand je respire.» »

« C'est en effet tout un pour vous,» dit le Chapelier. Sur ce, la conversation tomba et il se fit un silence de quelques minutes. Pendant ce temps, Alice repassa dans son esprit tout ce qu'elle savait au sujet des pies et des writing-desks, which wasn't much.

The Hatter was the first to break the silence. "What day of the month is it?" he said, turning to Alice: he had taken his watch out of his pocket, and was looking at it uneasily, shaking it every now and then, and holding it to his ear.

Alice considered a little, and then said "The fourth."

"Two days wrong!" sighed the Hatter. "I told you butter wouldn't suit the works!" he added looking angrily at the March Hare.

"It was the best butter," the March Hare meekly replied.

"Yes, but some crumbs must have got in as well," the Hatter grumbled: "you shouldn't have put it in with the bread-knife."

The March Hare took the watch and looked at it gloomily: then he dipped it into his cup of tea, and looked at it again: but he could think of nothing better to say than his first remark, "It was the best butter, you know."

Alice had been looking over his shoulder with some curiosity. "What a funny watch!" she remarked. "It tells the day of the month, and doesn't tell what

pupitres; ce qui n'était pas grand'chose.

Le Chapelier rompit le silence le premier. « Quel quantième du mois sommes-nous?» dit-il en se tournant vers Alice. Il avait tiré sa montre de sa poche et la regardait d'un air inquiet, la secouant de temps à autre et l'approchant de son oreille.

Alice réfléchit un instant et répondit: « Le quatre.»

« Elle est de deux jours en retard,» dit le Chapelier avec un soupir.» Je vous disais bien que le beurre ne vaudrait rien au mouvement!» ajouta-t-il en regardant le Lièvre avec colère.

« C'était tout ce qu'il y avait de plus fin en beurre,» dit le Lièvre humblement.

« Oui, mais il faut qu'il y soit entré des miettes de pain,» grommela le Chapelier. « Vous n'auriez pas dû vous servir du couteau au pain pour mettre le beurre.»

Le Lièvre prit la montre, et la contempla tristement, puis la trempa dans sa tasse, la contempla de nouveau, et pourtant ne trouva rien de mieux à faire que de répéter sa première observation: « C'était tout ce qu'il y avait de plus fin en beurre.»

Alice avait regardé par-dessus son épaule avec curiosité: « Quelle singulière montre!» dit-elle. « Elle marque le quantième du mois, et ne marque pas l'heure qu'il est!»

o'clock it is!"

"Why should it?" muttered the Hatter. "Does your watch tell you what year it is?"

"Of course not," Alice replied very readily: "but that's because it stays the same year for such a long time together."

"Which is just the case with mine," said the Hatter.

Alice felt dreadfully puzzled. The Hatter's remark seemed to her to have no sort of meaning in it, and yet it was certainly English. "I don't quite understand you," she said, as politely as she could.

"The Dormouse is asleep again," said the Hatter, and he poured a little hot tea upon its nose.

The Dormouse shook its head impatiently, and said, without opening its eyes, "Of course, of course: just what I was going to remark myself."

"Have you guessed the riddle yet?" the Hatter said, turning to Alice again.

"No, I give it up," Alice replied: "what's the answer?"

"I haven't the slightest idea," said the Hatter.

"Nor I," said the March Hare.

Alice sighed wearily. "I think you might do something better with the time," she said, "than waste it

« Et pourquoi marquerait-elle l'heure?» murmura le Chapelier. « Votre montre marque-t-elle dans quelle année vous êtes?»

« Non, assurément!» répliqua Alice sans hésiter. « Mais c'est parce qu'elle reste à la même année pendant si longtemps.»

« Tout comme la mienne,» dit le Chapelier.

Alice se trouva fort embarrassée. L'observation du Chapelier lui paraissait n'avoir aucun sens; et cependant la phrase était parfaitement correcte. « Je ne vous comprends pas bien,» dit-elle, aussi poliment que possible.

« Le Loir est rendormi,» dit le Chapelier; et il lui versa un peu de thé chaud sur le nez.

Le Loir secoua la tête avec impatience, et dit, sans ouvrir les yeux: «Sans doute, sans doute, c'est justement ce que j'allais dire.»

« Avez-vous deviné l'énigme?» dit le Chapelier, se tournant de nouveau vers Alice.

« Non, j'y renonce,» répondit Alice; « quelle est la réponse?»

« Je n'en ai pas la moindre idée,» dit le Chapelier.

« Ni moi non plus,» dit le Lièvre.

Alice soupira d'ennui. « Il me semble que vous pourriez mieux employer le temps,» dit-elle, « et in asking riddles that have no answers."

"If you knew Time as well as I do," said the Hatter, "you wouldn't talk about wasting it. It's him."

"I don't know what you mean," said Alice.

"Of course you don't!" the Hatter said, tossing his head contemptuously. "I dare say you never even spoke to Time!"

"Perhaps not," Alice cautiously replied; "but I know I have to beat time when I learn music."

"Ah! that accounts for it," said the Hatter. "He wo'n't stand beating. Now, if you only kept on good terms with him, he'd do almost anything you liked with the clock. For instance, suppose it were nine o'clock in the morning, just time to begin lessons: you'd only have to whisper a hint to Time, and round goes the clock in a twinkling! Half-past one, time for dinner!"

("I only wish it was," the March Hare said to itself in a whisper.)

"That would be grand, certainly," said Alice thoughtfully: "but then—I shouldn't be hungry for it, you know."

"Not at first, perhaps," said the Hatter: "but you could keep it to

ne pas le gaspiller à proposer des énigmes qui n'ont point de réponses.»

« Si vous connaissiez le Temps aussi bien que moi,» dit le Chapelier, «vous ne parleriez pas de le gaspiller. On ne gaspille pas quelqu'un.»

« Je ne vous comprends pas,» dit Alice.

« Je le crois bien,» répondit le Chapelier, en secouant la tête avec mépris; «je parie que vous n'avez jamais parlé au Temps.»

« Cela se peut bien,» répliqua prudemment Alice, «mais je l'ai souvent mal employé.»

« Ah! voilà donc pourquoi! Il n'aime pas cela,» dit le Chapelier. « Mais si seulement vous saviez le ménager, il ferait de la pendule tout ce que vous voudriez. Par exemple, supposons qu'il soit neuf heures du matin, l'heure de vos leçons, vous n'auriez qu'à dire tout bas un petit mot au Temps, et l'aiguille partirait en un clin d'œil pour marquer une heure et demie, l'heure du dîner.»

(« Je le voudrais bien,» dit tout bas le Lièvre.)

« Cela serait très-agréable, certainement,» dit Alice d'un air pensif; « mais alors — je n'aurais pas encore faim, comprenez donc.»

« Peut-être pas d'abord,» dit le Chapelier; « mais vous pourriez retenir l'aiguille à une heure et half-past one as long as you liked."

"Is that the way you manage?" Alice asked.

The Hatter shook his head mournfully.

"Not I!" he replied. "We quarreled last March——just before he went mad, you know——" (pointing with his teaspoon at the March Hare,) "——it was at the great concert given by the Queen of Hearts, and I had to sing

demie aussi longtemps que vous voudriez.»

« Est-ce comme cela que vous faites, vous?» demanda Alice.

Le Chapelier secoua tristement la tête.

« Hélas! non,» répondit-il, « nous nous sommes querellés au mois de mars dernier, un peu avant qu'il devînt fou.» (Il montrait le Lièvre du bout de sa cuiller.) « C'était à un grand concert donné par la Reine de Cœur, et j'eus à chanter:

'Twinkle, twinkle, little bat!
How I wonder what you're at!'

« Ah! vous dirai-je, ma sœur,
Ce qui calme ma douleur!»

You know the song, perhaps?"

« Vous connaissez peut-être cette chanson?»

"I've heard something like it," said Alice.

« J'ai entendu chanter quelque chose comme ça,» dit Alice.

"It goes on, you know," the Hatter continued, "in this way:—

« Vous savez la suite,» dit le Chapelier; et il continua:

*«Up above the world you fly,*
*Like a tea-tray in the sky.*
*Twinkle, twinkle——'"*

Here the Dormouse shook itself, and began singing in its sleep "Twinkle, twinkle, twinkle, twinkle——" and went on so long that they had to pinch it to make it stop.

"Well, I'd hardly finished the first verse," said the Hatter, "when the Queen jumped up and bawled out, 'He's murdering the time! Off with his head!'"

"How dreadfully savage!" exclaimed Alice.

"And ever since that," the Hatter went on in a mournful tone, "he wo'n't do a thing I ask! It's always six o'clock now."

A bright idea came into Alice's head. "Is that the reason so many tea-things are put out here?" she asked.

"Yes, that's it," said the Hatter with a sigh: "it's always tea-time, and we've no time to wash the things between whiles."

"Then you keep moving round, I suppose?" said Alice.

"Exactly so," said the Hatter: "as the things get used up."

"But what happens when you come to the beginning again?" Alice ventured to ask.

*« C'est que j'avais des dragées,*
*Et que je les ai mangées.»*

Ici le Loir se secoua et se mit à chanter, tout en dormant: « Et que je les ai mangées, mangées, mangées, mangées, mangées,» si longtemps, qu'il fallût le pincer pour le faire taire.

« Eh bien, j'avais à peine fini le premier couplet,» dit le Chapelier, « que la Reine hurla: « Ah! c'est comme ça que vous tuez le temps! Qu'on lui coupe la tête!» »

« Quelle cruauté!» s'écria Alice.

« Et, depuis lors,» continua le Chapelier avec tristesse, « le Temps ne veut rien faire de ce que je lui demande. Il est toujours six heures maintenant.»

Une brillante idée traversa l'esprit d'Alice. « Est-ce pour cela qu'il y a tant de tasses à thé ici?» demanda-t-elle.

« Oui, c'est cela,» dit le Chapelier avec un soupir; « il est toujours l'heure du thé, et nous n'avons pas le temps de laver la vaisselle dans l'intervalle.»

« Alors vous faites tout le tour de la table, je suppose?» dit Alice.

« Justement,» dit le Chapelier, « à mesure que les tasses ont servi.»

« Mais, qu'arrive-t-il lorsque vous vous retrouvez au commencement?» se hasarda de dire Alice.

"Suppose we change the subject," the March Hare interrupted, yawning. "I'm getting tired of this. I vote the young lady tells us a story."

"I'm afraid I don't know one," said Alice, rather alarmed at the proposal.

"Then the Dormouse shall!" they both cried. "Wake up, Dormouse!" And they pinched it on both sides at once.

The Dormouse slowly opened its eyes. "I wasn't asleep," it said in a hoarse, feeble voice, "I heard every word you fellows were saying."

"Tell us a story!" said the March Hare.

"Yes, please do!" pleaded Alice.

"And be quick about it," added the Hatter, "or you'll be asleep again before it's done."

"Once upon a time there were three little sisters," the Dormouse began in a great hurry; "and their names were Elsie, Lacie, and Tillie; and they lived at the bottom of a well——"

"What did they live on?" said Alice, who always took a great interest in questions of eating and drinking.

"They lived on treacle," said the

« Si nous changions de conversation,» interrompit le Lièvre en bâillant; « celle-ci commence à me fatiguer. Je propose que la petite demoiselle nous conte une histoire.»

« J'ai bien peur de n'en pas savoir,» dit Alice, que cette proposition alarmait un peu.

« Eh bien, le Loir va nous en dire une,» crièrent-ils tous deux. « Allons, Loir, réveillez-vous!» et ils le pincèrent des deux côtés à la fois.

Le Loir ouvrit lentement les yeux. « Je ne dormais pas,» dit-il d'une voix faible et enrouée. « Je n'ai pas perdu un mot de ce que vous avez dit, vous autres.»

« Racontez-nous une histoire,» dit le Lièvre.

« Ah! Oui, je vous en prie,» dit Alice d'un ton suppliant.

« Et faites vite,» ajouta le Chapelier, « sans cela vous allez vous rendormir avant de vous mettre en train.»

« Il y avait une fois trois petites sœurs,» commença bien vite le Loir, « qui s'appelaient Elsie, Lacie, et Tillie, et elles vivaient au fond d'un puits.»

« De quoi vivaient-elles?» dit Alice, qui s'intéressait toujours aux questions de boire ou de manger.

« Elles vivaient de mélasse,» dit le

Dormouse, after thinking a minute or two.

"They couldn't have done that, you know," Alice gently remarked. "They'd have been ill."

"So they were," said the Dormouse; "very ill."

Alice tried to fancy to herself what such an extraordinary way of living would be like, but it puzzled her too much: so she went on: "But why did they live at the bottom of a well?"

"Take some more tea," the March Hare said to Alice, very earnestly.

"I've had nothing yet," Alice replied in an offended tone: "so I ca'n't take more."

"You mean you ca'n't take less," said the Hatter: "it's very easy to take more than nothing."

"Nobody asked your opinion," said Alice.

"Who's making personal remarks now?" the Hatter asked triumphantly.

Alice did not quite know what to say to this: so she helped herself to some tea and bread-and-butter, and then turned to the Dormouse, and repeated her question. "Why did they live at the bottom of a

Loir, après avoir réfléchi un instant.

« Ce n'est pas possible, comprenez donc,» fit doucement observer Alice; « cela les aurait rendues malades.»

« Et en effet,» dit le Loir, « elles étaient très-malades.»

Alice chercha à se figurer un peu l'effet que produirait sur elle une manière de vivre si extraordinaire, mais cela lui parut trop embarrassant, et elle continua: « Mais pourquoi vivaient-elles au fond d'un puits?»

« Prenez un peu plus de thé,» dit le Lièvre à Alice avec empressement.

« Je n'en ai pas pris du tout,» répondit Alice d'un air offensé. « Je ne peux donc pas en prendre un peu plus.»

« Vous voulez dire que vous ne pouvez pas en prendre moins,» dit le Chapelier. « Il est très-aisé de prendre un peu plus que pas du tout.»

« On ne vous a pas demandé votre avis, à vous,» dit Alice.

« Ah! qui est-ce qui se permet de faire des observations?» demanda le Chapelier d'un air triomphant.

Alice ne savait pas trop que répondre à cela. Aussi se servit-elle un peu de thé et une tartine de pain et de beurre; puis elle se tourna du côté du Loir, et répéta sa question. « Pourquoi vivaient-well?"

The Dormouse again took a minute or two to think about it, and then said, "It was a treacle-well."

"There's no such thing!" Alice was beginning very angrily, but the Hatter and the March Hare went "Sh! Sh!" and the Dormouse sulkily remarked, "If you ca'n't be civil, you'd better finish the story for yourself."

"No, please go on!" Alice said very humbly. "I wo'n't interrupt you again. I dare say there may be one."

"One, indeed!" said the Dormouse indignantly. However, he consented to go on. "And so these three little sisters—they were learning to draw, you know——"

"What did they draw?" said Alice, quite forgetting her promise.

"Treacle," said the Dormouse, without considering at all, this time.

"I want a clean cup," interrupted the Hatter: "let's all move one place on."

He moved on as he spoke, and the Dormouse followed him: the March Hare moved into the Dormouse's place, and Alice rather unwillingly took the place of the March Hare. The Hatter was the only one who got any advantage from the change; and Alice was a

elles au fond d'un puits?»

Le Loir réfléchit de nouveau pendant quelques instants et dit: « C'était un puits de mélasse.»

« Il n'en existe pas!» se mit à dire Alice d'un ton courroucé. Mais le Chapelier et le Lièvre firent « Chut! Chut!» et le Loir fit observer d'un ton bourru: « Tâchez d'être polie, ou finissez l'histoire vous-même.»

« Non, continuez, je vous prie,» dit Alice très-humblement. « Je ne vous interromprai plus; peut-être en existe-t-il un.»

« Un, vraiment!» dit le Loir avec indignation; toutefois il voulut bien continuer. « Donc, ces trois petites sœurs, vous saurez qu'elles faisaient tout ce qu'elles pouvaient pour s'en tirer.»

« Comment auraient-elles pu s'en tirer?» dit Alice, oubliant tout à fait sa promesse.

« C'est tout simple —»

« Il me faut une tasse propre,» interrompit le Chapelier. « Avançons tous d'une place.»

Il avançait tout en parlant, et le Loir le suivit; le Lièvre prit la place du Loir, et Alice prit, d'assez mauvaise grâce, celle du Lièvre. Le Chapelier fut le seul qui gagnât au change; Alice se trouva bien plus mal partagée qu'auparavant, car le Lièvre venait de renverser le lait good deal worse off than before, as the March Hare had just upset the milk-jug into his plate.

Alice did not wish to offend the Dormouse again, so she began very cautiously: "But I don't understand. Where did they draw the treacle from?"

"You can draw water out of a water-well," said the Hatter; "so I should think you could draw treacle out of a treacle-well—eh, stupid?"

dans son assiette.

Alice, craignant d'offenser le Loir, reprit avec circonspection: « Mais je ne comprends pas; comment auraient-elles pu s'en tirer?»

« C'est tout simple,» dit le Chapelier. « Quand il y a de l'eau dans un puits, vous savez bien comment on en tire, n'est-ce pas? Eh bien! d'un puits de mélasse on tire de la mélasse, et quand il y a des petites filles dans la mélasse on les tire en même temps; comprenez-vous, petite sotte?»

"But they were in the well," Alice said to the Dormouse, not choosing to notice this last remark.

"Of course they were", said the Dormouse: "well in."

This answer so confused poor Alice, that she let the Dormouse go on for some time without interrupting it.

"They were learning to draw," the Dormouse went on, yawning and rubbing its eyes, for it was getting very sleepy; "and they drew all manner of things—everything that begins with an M——"

"Why with an M?" said Alice.

"Why not?" said the March Hare.

Alice was silent.

The Dormouse had closed its eyes by this time, and was going off into a doze; but, on being pinched by the Hatter, it woke up again with a little shriek, and went on: "——that begins with an M, such as mouse-traps, and the moon, and memory, and muchness—you know you say things are 'much of a muchness'—did you ever see such a thing as a drawing of a muchness!"

"Really, now you ask me," said Alice, very much confused, "I don't think——"

"Then you shouldn't talk," said the Hatter.

This piece of rudeness was more than Alice could bear: she got up in great disgust, and walked off: the Dormouse fell asleep instantly, and neither of the others took the least notice of her going, though she looked back once or twice, half hoping that they would call after her: the last time she saw them, they were trying to put the Dormouse into the teapot.

"At any rate I'll never go there again!" said Alice, as she picked her way through the wood. "It's the stupidest tea-party I ever was at in all my life!"

Just as she said this, she noticed that one of the trees had a door leading right into it. "That's very curious!" she thought. "But everything's curious to-day. I think I may as well go in at once." And in

« Pas tout à fait,» dit Alice, encore plus embarrassée par cette réponse.

« Alors vous feriez bien de vous taire,» dit le Chapelier.

Alice trouva cette grossièreté un peu trop forte; elle se leva indignée et s'en alla.

Le Loir s'endormit à l'instant même, et les deux autres ne prirent pas garde à son départ, bien qu'elle regardât en arrière deux ou trois fois, espérant presque qu'ils la rappelleraient. La dernière fois qu'elle les vit, ils cherchaient à mettre le Loir dans la théière.

« À aucun prix je ne voudrais retourner auprès de ces gens-là,» dit Alice, en cherchant son chemin à travers le bois. « C'est le thé le plus ridicule auquel j'aie assisté de ma vie!»

Comme elle disait cela, elle s'aperçut qu'un des arbres avait une porte par laquelle on pouvait pénétrer à l'intérieur. «Voilà qui est curieux,» pensa-t-elle. « Mais tout est curieux aujourd'hui. Je crois que je ferai bien d'entrer she went.

Once more she found herself in the long hall, and close to the little glass table.

"Now, I'll manage better this time," she said to herself, and began by taking the little golden key, and unlocking the door that led into the garden. Then she went to work nibbling at the mushroom (she had kept a piece of it in her pocket) till she was about a foot high: then she walked down the little passage: and then—she found herself at last in the beautiful garden, among the bright flower-beds and the cool fountains.

tout de suite.» Elle entra.

Elle se retrouva encore dans la longue salle tout près de la petite table de verre.

« Cette fois je m'y prendrai mieux,» se dit-elle, et elle commença par saisir la petite clef d'or et par ouvrir la porte qui menait au jardin, et puis elle se mit à grignoter le morceau de champignon qu'elle avait mis dans sa poche, jusqu'à ce qu'elle fût réduite à environ deux pieds de haut; elle prit alors le petit passage; et enfin — elle se trouva dans le superbe jardin au milieu des brillants parterres et des fraîches fontaines.

# THE QUEEN'S CROQUET GROUND

**THE QUEEN'S CROQUET GROUND**

A large rose-tree stood near the entrance of the garden: the roses growing on it were white, but there were three gardeners at it, busily painting them red. Alice thought this a very curious thing, and she went nearer to watch them, and, just as she came up to them, she heard one of them say "Look out now, Five! Don't go splashing paint over me like that!"

"I couldn't help it," said Five, in a sulky tone. "Seven jogged my elbow."

On which Seven looked up and

**LE CROQUET DE LA REINE.**

Un grand rosier se trouvait à l'entrée du jardin; les roses qu'il portait étaient blanches, mais trois jardiniers étaient en train de les peindre en rouge. Alice s'avança pour les regarder, et, au moment où elle approchait, elle en entendit un qui disait: « Fais donc attention, Cinq, et ne m'éclabousse pas ainsi avec ta peinture.»

« Ce n'est pas de ma faute,» dit Cinq d'un ton bourru, « c'est Sept qui m'a poussé le coude.»

Là-dessus Sept leva les yeux et dit:

said "That's right, Five! Always lay the blame on others!"

"You'd better not talk!" said Five. "I heard the Queen say only yesterday you deserved to be beheaded."

"What for?" said the one who had spoken first.

"That's none of your business, Two!" said Seven.

"Yes, it is his business!" said Five. "And I'll tell him—it was for bringing the cook tulip-roots instead of onions."

Seven flung down his brush, and had just begun "Well, of all the unjust things——" when his eye chanced to fall upon Alice, as she stood watching them, and he checked himself suddenly: the others looked round also, and all of them bowed low.

"Would you tell me, please," said Alice, a little timidly, "why you are painting those roses?"

Five and Seven said nothing, but looked at Two. Two began, in a low voice, "Why, the fact is, you see, Miss, this here ought to have been a red rose-tree, and we put a white one in by mistake; and if the Queen was to find it out, we should all have our heads cut off, you know. So you see, Miss, we're doing our best, afore she comes, to——"

« C'est cela, Cinq! Jetez toujours le blâme sur les autres!»

« Vous feriez bien de vous taire, vous,» dit Cinq. « J'ai entendu la Reine dire pas plus tard que hier que vous méritiez d'être décapité!»

« Pourquoi donc cela?» dit celui qui avait parlé le premier.

« Cela ne vous regarde pas, Deux,» dit Sept.

« Si fait, cela le regarde,» dit Cinq; « et je vais le lui dire. C'est pour avoir apporté à la cuisinière des oignons de tulipe au lieu d'oignons à manger.»

Sept jeta là son pinceau et s'écriait: « De toutes les injustices —» lorsque ses regards tombèrent par hasard sur Alice, qui restait là à les regarder, et il se retint tout à coup. Les autres se retournèrent aussi, et tous firent un profond salut.

« Voudriez-vous avoir la bonté de me dire pourquoi vous peignez ces roses?» demanda Alice un peu timidement.

Cinq et Sept ne dirent rien, mais regardèrent Deux. Deux commença à voix basse: « Le fait est, voyez-vous, mademoiselle, qu'il devrait y avoir ici un rosier à fleurs rouges, et nous en avons mis un à fleurs blanches, par erreur. Si la Reine s'en apercevait nous aurions tous la tête tranchée, vous comprenez. Aussi, mademoiselle, vous voyez que

At this moment, Five, who had been anxiously looking across the garden, called out "The Queen! The Queen!", and the three gardeners instantly threw themselves flat upon their faces. There was a sound of many footsteps, and Alice looked round, eager to see the Queen.

First came ten soldiers carrying clubs: these were all shaped like the three gardeners, oblong and flat, with their hands and feet at the corners: next the ten courtiers: these were ornamented all over with diamonds, and walked two and two, as the soldiers did. After these came the royal children: there were ten of them, and the little dears came jumping merrily along, hand in hand, in couples: they were all ornamented with hearts. Next came the guests, mostly Kings and Queens, and among them Alice recognised the White Rabbit: it was talking in a hurried nervous manner, smiling at everything that was said, and went by without noticing her. Then followed the Knave of Hearts, carrying the King's crown on a crimson velvet cushion; and, last of all this grand procession, came THE KING AND THE QUEEN OF HEARTS.

Alice was rather doubtful whether she ought not to lie down on her

nous faisons de notre mieux avant qu'elle vienne pour —»

À ce moment Cinq, qui avait regardé tout le temps avec inquiétude de l'autre côté du jardin, s'écria: « La Reine! La Reine!» et les trois ouvriers se précipitèrent aussitôt la face contre terre. Il se faisait un grand bruit de pas, et Alice se retourna, désireuse de voir la Reine.

D'abord venaient des soldats portant des piques; ils étaient tous faits comme les jardiniers, longs et plats, les mains et les pieds aux coins; ensuite venaient les dix courtisans. Ceux-ci étaient tous parés de carreaux de diamant et marchaient deux à deux comme les soldats. Derrière eux venaient les enfants de la Reine; il y en avait dix, et les petits chérubins gambadaient joyeusement, se tenant par la main deux à deux; ils étaient tous ornés de cœurs. Après eux venaient les invités, des rois et des reines pour la plupart. Dans le nombre, Alice reconnut le Lapin Blanc. Il avait l'air ému et agité en parlant, souriait à tout ce qu'on disait, et passa sans faire attention à elle. Suivait le Valet de Cœur, portant la couronne sur un coussin de velours; et, fermant cette longue procession, LE ROI ET LA REINE DE CŒUR.

Alice ne savait pas au juste si elle devait se prosterner comme les face like the three gardeners, but she could not remember ever having heard of such a rule at processions; "and besides, what would be the use of a procession," thought she, "if people had all to lie down upon their faces, so that they couldn't see it?" So she stood where she was, and waited.

When the procession came opposite to Alice, they all stopped and looked at her, and the Queen said, severely, "Who is this?". She said it to the Knave of Hearts, who only bowed and smiled in reply.

"Idiot!" said the Queen, tossing her head impatiently; and, turning to Alice, she went on: "What's your name, child?"

"My name is Alice, so please your Majesty," said Alice very politely; but she added, to herself, "Why, they're only a pack of cards, after all. I needn't be afraid of them!"

"And who are these?" said the Queen, pointing to the three gardeners who were lying round the rose-tree; for, you see, as they were lying on their faces, and the pattern on their backs was the same as the rest of the pack, she could not tell whether they were gardeners, or soldiers, or courtiers, or three of her own children.

"How should I know?" said Alice,

trois jardiniers; mais elle ne se rappelait pas avoir jamais entendu parler d'une pareille formalité. « Et d'ailleurs à quoi serviraient les processions,» pensa-t-elle, « si les gens avaient à se mettre la face contre terre de façon à ne pas les voir?» Elle resta donc debout à sa place et attendit.

Quand la procession fut arrivée en face d'Alice, tout le monde s'arrêta pour la regarder, et la Reine dit sévèrement: « Qui est-ce?» Elle s'adressait au Valet de Cœur, qui se contenta de saluer et de sourire pour toute réponse.

« Idiot!» dit la Reine en rejetant la tête en arrière avec impatience; et, se tournant vers Alice, elle continua: « Votre nom, petite?»

« Je me nomme Alice, s'il plaît à Votre Majesté,» dit Alice fort poliment. Mais elle ajouta en elle-même: « Ces gens-là ne sont, après tout, qu'un paquet de cartes. Pourquoi en aurais-je peur?»

« Et qui sont ceux-ci?» dit la Reine, montrant du doigt les trois jardiniers étendus autour du rosier. Car vous comprenez que, comme ils avaient la face contre terre et que le dessin qu'ils avaient sur le dos était le même que celui des autres cartes du paquet, elle ne pouvait savoir s'ils étaient des jardiniers, des soldats, des courtisans, ou bien trois de ses propres enfants.

« Comment voulez-vous que je le

surprised at her own courage. "It's no business of mine."

sache?» dit Alice avec un courage qui la surprit elle-même. « Cela n'est pas mon affaire à moi.»

The Queen turned crimson with fury, and, after glaring at her for a moment like a wild beast, began screaming "Off with her head! Off with——"

La Reine devint pourpre de colère; et après l'avoir considérée un moment avec des yeux flamboyants comme ceux d'une bête fauve, elle se mit à crier: « Qu'on lui coupe la tête!»

"Nonsense!" said Alice, very loudly and decidedly, and the Queen was silent.

« Quelle idée!» dit Alice très-haut et d'un ton décidé. La Reine se tut.

The King laid his hand upon her arm, and timidly said "Consider, my dear: she is only a child!"

Le Roi lui posa la main sur le bras, et lui dit timidement: « Considérez donc, ma chère amie, que ce n'est qu'une enfant.»

The Queen turned angrily away from him, and said to the Knave

La Reine lui tourna le dos avec colère, et dit au Valet:

"Turn them over!"

The Knave did so, very carefully, with one foot.

"Get up!" said the Queen in a shrill, loud voice, and the three gardeners instantly jumped up, and began bowing to the King, the Queen, the royal children, and everybody else.

"Leave off that!" screamed the Queen. "You make me giddy." And then, turning to the rose-tree, she went on "What have you been doing here?"

"May it please your Majesty," said Two, in a very humble tone, going down on one knee as he spoke, "we were trying—"

"I see!" said the Queen, who had meanwhile been examining the roses. "Off with their heads!" and the procession moved on, three of the soldiers remaining behind to execute the unfortunate gardeners, who ran to Alice for protection.

"You sha'n't be beheaded!" said Alice, and she put them into a large flower-pot that stood near. The three soldiers wandered about for a minute or two, looking for them, and then quietly marched off after the others.

"Are their heads off?" shouted the Queen.

"Their heads are gone, if it please your Majesty!" the soldiers

« Retournez-les!»

Ce que fit le Valet très-soigneusement du bout du pied.

« Debout!» dit la Reine d'une voix forte et stridente. Les trois jardiniers se relevèrent à l'instant et se mirent à saluer le Roi, la Reine, les jeunes princes, et tout le monde.

« Finissez!» cria la Reine. « Vous m'étourdissez.» Alors, se tournant vers le rosier, elle continua: « Qu'est-ce que vous faites donc là?»

« Avec le bon plaisir de Votre Majesté,» dit Deux d'un ton très-humble, mettant un genou en terre, « nous tâchions —»

« Je le vois bien!» dit la Reine, qui avait pendant ce temps examiné les roses. « Qu'on leur coupe la tête!» Et la procession continua sa route, trois des soldats restant en arrière pour exécuter les malheureux jardiniers, qui coururent se mettre sous la protection d'Alice.

« Vous ne serez pas décapités,» dit Alice; et elle les mit dans un grand pot à fleurs qui se trouvait près de là. Les trois soldats errèrent de côté et d'autre, pendant une ou deux minutes, pour les chercher, puis s'en allèrent tranquillement rejoindre les autres.

« Leur a-t-on coupé la tête?» cria la Reine.

« Leurs têtes n'y sont plus, s'il plaît à Votre Majesté!» lui crièrent les shouted in reply.

"That's right!" shouted the Queen. "Can you play croquet?"

The soldiers were silent, and looked at Alice, as the question was evidently meant for her.

"Yes!" shouted Alice.

"Come on, then!" roared the Queen, and Alice joined the procession, wondering very much what would happen next.

"It's—it's a very fine day!" said a timid voice at her side. She was walking by the White Rabbit, who was peeping anxiously into her face.

"Very," said Alice. "Where's the Duchess?"

"Hush! Hush!" said the Rabbit in a low hurried tone. He looked anxiously over his shoulder as he spoke, and then raised himself upon tiptoe, put his mouth close to her ear, and whispered "She's under sentence of execution."

"What for?" said Alice.

"Did you say 'What a pity!'?" the Rabbit asked.

"No, I didn't," said Alice. "I don't think it's at all a pity. I said 'What for?'"

"She boxed the Queen's ears—" the Rabbit began. Alice gave a little scream of laughter. "Oh, hush!" the Rabbit whispered in a frightened tone. "The Queen will

« C'est bien!» cria la Reine. « Savez-vous jouer au croquet?»

Les soldats ne soufflèrent mot, et regardèrent Alice, car, évidemment, c'était à elle que s'adressait la question.

« Oui,» cria Alice.

« Eh bien, venez!» hurla la Reine; et Alice se joignit à la procession, fort curieuse de savoir ce qui allait arriver.

« Il fait un bien beau temps aujourd'hui,» dit une voix timide à côté d'elle. Elle marchait auprès du Lapin Blanc, qui la regardait d'un œil inquiet.

« Bien beau,» dit Alice. « Où est la Duchesse?»

« Chut! Chut!» dit vivement le Lapin à voix basse et en regardant avec inquiétude par-dessus son épaule. Puis il se leva sur la pointe des pieds, colla sa bouche à l'oreille d'Alice et lui souffla: « Elle est condamnée à mort»

« Pour quelle raison?» dit Alice.

« Avez-vous dit: « quel dommage?» » demanda le Lapin.

« Non,» dit Alice. « Je ne pense pas du tout que ce soit dommage. J'ai dit: « pour quelle raison?» »

« Elle a donné des soufflets à la Reine,» commença le Lapin. (Alice fit entendre un petit éclat de rire.) « Oh, chut!» dit tout bas le Lapin d'un ton effrayé. « La Reine va hear you! You see she came rather late, and the Queen said—"

nous entendre! Elle est arrivée un peu tard, voyez-vous, et la Reine a dit —»

"Get to your places!" shouted the Queen in a voice of thunder, and people began running about in all directions, tumbling up against each other: however, they got settled down in a minute or two, and the game began.

Alice thought she had never seen such a curious croquet-ground in her life: it was all ridges and furrows: the croquet balls were live hedgehogs, and the mallets live flamingoes, and the soldiers had to double themselves up and stand on their hands and feet, to make the arches.

The chief difficulty Alice found at

« À vos places!» cria la Reine d'une voix de tonnerre, et les gens se mirent à courir dans toutes les directions, trébuchant les uns contre les autres; toutefois, au bout de quelques instants chacun fut à sa place et la partie commença.

Alice n'avait de sa vie vu de jeu de croquet aussi curieux que celui-là. Le terrain n'était que billons et sillons; des hérissons vivants servaient de boules, et des flamants de maillets. Les soldats, courbés en deux, avaient à se tenir la tête et les pieds sur le sol pour former des arches.

Ce qui embarrassa le plus Alice au

first was in managing her flamingo: she succeeded in getting its body tucked away, comfortably enough, under her arm, with its legs hanging down, but generally, just as she had got its neck nicely straightened out, and was going to give the hedgehog a blow with its head, it would twist itself round and look up in her face, with such a puzzled expression that she could not help bursting out laughing; and when she had got its head down, and was going to begin again, it was very provoking to find that the hedgehog had unrolled itself, and was in the act of crawling away: besides all this, there was generally a ridge or furrow in the way wherever she wanted to send the hedgehog to, and, as the doubled-up soldiers were always getting up and walking off to other parts of the ground, Alice soon came to the conclusion that it was a very difficult game indeed.

The players all played at once, without waiting for turns, quarreling all the while, and fighting for the hedgehogs; and in a very short time the Queen was in a furious passion, and went stamping about, and shouting "Off with his head!" or "Off with her head!" about once in a minute.

Alice began to feel very uneasy: to be sure, she had not as yet had any dispute with the Queen, but she knew that it might happen any

commencement du jeu, ce fut de manier le flamant; elle parvenait bien à fourrer son corps assez commodément sous son bras, en laissant pendre les pieds; mais, le plus souvent, à peine lui avait-elle allongé le cou bien comme il faut, et allait-elle frapper le hérisson avec la tête, que le flamant se relevait en se tordant, et la regardait d'un air si ébahi qu'elle ne pouvait s'empêcher d'éclater de rire; et puis, quand elle lui avait fait baisser la tête et allait recommencer, il était bien impatientant de voir que le hérisson s'était déroulé et s'en allait. En outre, il se trouvait ordinairement un billon ou un sillon dans son chemin partout où elle voulait envoyer le hérisson, et comme les soldats courbés en deux se relevaient sans cesse pour s'en aller d'un autre côté du terrain, Alice en vint bientôt à cette conclusion: que c'était là un jeu fort difficile, en vérité.

Les joueurs jouaient tous à la fois, sans attendre leur tour, se querellant tout le temps et se battant à qui aurait les hérissons. La Reine entra bientôt dans une colère furieuse et se mit à trépigner en criant: « Qu'on coupe la tête à celui-ci!» ou bien: « Qu'on coupe la tête à celle-là!» une fois environ par minute.

Alice commença à se sentir très-mal à l'aise; il est vrai qu'elle ne s'était pas disputée avec la Reine; mais elle savait que cela pouvait minute, "and then," thought she, "what would become of me? They're dreadfully fond of beheading people here: the great wonder is, that there's any one left alive!"

She was looking about for some way of escape, and wondering whether she could get away without being seen, when she noticed a curious appearance in the air: it puzzled her very much at first, but after watching it a minute or two she made it out to be a grin, and she said to herself "It's the Cheshire-Cat: now I shall have somebody to talk to."

"How are you getting on?" said the Cat, as soon as there was mouth enough for it to speak with.

Alice waited till the eyes appeared, and then nodded. "It's no use speaking to it," she thought, "till its ears have come, or at least one of them." In another minute the whole head appeared, and then Alice put down her flamingo, and began an account of the game, feeling very glad she had someone to listen to her. The Cat seemed to think that there was enough of it now in sight, and no more of it appeared.

"I don't think they play at all fairly," Alice began, in rather a complaining tone, "and they all quarrel so dreadfully one ca'n't hear oneself speak—and they

lui arriver à tout moment. « Et alors,» pensait-elle, « que deviendrai-je? Ils aiment terriblement à couper la tête aux gens ici. Ce qui m'étonne, c'est qu'il en reste encore de vivants.»

Elle cherchait autour d'elle quelque moyen de s'échapper, et se demandait si elle pourrait se retirer sans être vue; lorsqu'elle aperçut en l'air quelque chose d'étrange; cette apparition l'intrigua beaucoup d'abord, mais, après l'avoir considérée quelques instants, elle découvrit que c'était une grimace, et se dit en elle-même, « C'est le Grimaçon; maintenant j'aurai à qui parler.»

« Comment cela va-t-il?» dit le Chat, quand il y eut assez de sa bouche pour qu'il pût parler.

Alice attendit que les yeux parussent, et lui fit alors un signe de tête amical. « Il est inutile de lui parler,» pensait-elle, « avant que ses oreilles soient venues, l'une d'elle tout au moins.» Une minute après, la tête se montra tout entière, et alors Alice posa à terre son flamant et se mit à raconter sa partie de croquet, enchantée d'avoir quelqu'un qui l'écoutât. Le Chat trouva apparemment qu'il s'était assez mis en vue; car sa tête fut tout ce qu'on en aperçut.

« Ils ne jouent pas du tout franc jeu,» commença Alice d'un ton de mécontentement, « et ils se querellent tous si fort, qu'on ne peut pas s'entendre parler; et puis don't seem to have any rules in particular: at least, if there are, nobody attends to them—and you've no idea how confusing it is all the things being alive: for instance, there's the arch I've got to go through next walking about at the other end of the ground—and I should have croqueted the Queen's hedgehog just now, only it ran away when it saw mine coming!"

"How do you like the Queen?" said the Cat in a low voice.

"Not at all," said Alice: "she's so extremely—" Just then she noticed that the Queen was close behind her, listening: so she went on "—likely to win, that it's hardly worth while finishing the game."

The Queen smiled and passed on.

"Who are you talking to?" said the King, going up to Alice, and looking at the Cat's head with great curiosity.

"It's a friend of mine—a Cheshire-Cat," said Alice: "allow me to introduce it."

"I don't like the look of it at all," said the King: "however, it may kiss my hand, if it likes."

"I'd rather not," the Cat remarked.

"Don't be impertinent," said the King, "and don't look at me like that!" He got behind Alice as he

on dirait qu'ils n'ont aucune règle précise; du moins, s'il y a des règles, personne ne les suit. Ensuite vous n'avez pas idée comme cela embrouille que tous les instruments du jeu soient vivants; par exemple, voilà l'arche par laquelle j'ai à passer qui se promène là-bas à l'autre bout du jeu, et j'aurais fait croquet sur le hérisson de la Reine tout à l'heure, s'il ne s'était pas sauvé en voyant venir le mien!»

« Est-ce que vous aimez la Reine?» dit le Chat à voix basse.

« Pas du tout,» dit Alice. « Elle est si —» Au même instant elle aperçut la Reine tout près derrière elle, qui écoutait; alors elle continua: « si sûre de gagner, que ce n'est guère la peine de finir la partie.»

La Reine sourit et passa.

« Avec qui causez-vous donc là,» dit le Roi, s'approchant d'Alice et regardant avec une extrême curiosité la tête du Chat.

« C'est un de mes amis, un Grimaçon,» dit Alice: « permettez-moi de vous le présenter.»

« Sa mine ne me plaît pas du tout,» dit le Roi. « Pourtant il peut me baiser la main, si cela lui fait plaisir.»

« Non, grand merci,» dit le Chat.

« Ne faites pas l'impertinent,» dit le Roi, « et ne me regardez pas ainsi!» Il s'était mis derrière Alice spoke.

"A cat may look at a king," said Alice. "I've read that in some book, but I don't remember where."

"Well, it must be removed," said the King very decidedly; and he called the Queen, who was passing at the moment, "My dear! I wish you would have this cat removed!"

The Queen had only one way of settling all difficulties, great or small. "Off with his head!" she said without even looking round.

"I'll fetch the executioner myself," said the King eagerly, and he hurried off.

Alice thought she might as well go back and see how the game was going on, as she heard the Queen's voice in the distance, screaming with passion. She had already heard her sentence three of the players to be executed for having missed their turns, and she did not like the look of things at all, as the game was in such confusion that she never knew whether it was her turn or not. So she went off in search of her hedgehog.

The hedgehog was engaged in a fight with another hedgehog, which seemed to Alice an excellent opportunity for croqueting one of them with the other: the only difficulty was that

en disant ces mots.

« Un chat peut bien regarder un roi,» dit Alice. «J'ai lu quelque chose comme cela dans un livre, mais je ne me rappelle pas où.»

« Eh bien, il faut le faire enlever,» dit le Roi d'un ton très-décidé; et il cria à la Reine, qui passait en ce moment: « Mon amie, je désirerais que vous fissiez enlever ce chat!»

La Reine n'avait qu'une seule manière de trancher les difficultés, petites ou grandes. « Qu'on lui coupe la tête!» dit-elle sans même se retourner.

« Je vais moi-même chercher le bourreau,» dit le Roi avec empressement; et il s'en alla précipitamment.

Alice pensa qu'elle ferait bien de retourner voir où en était la partie, car elle entendait au loin la voix de la Reine qui criait de colère. Elle l'avait déjà entendue condamner trois des joueurs à avoir la tête coupée, parce qu'ils avaient laissé passer leur tour, et elle n'aimait pas du tout la tournure que prenaient les choses; car le jeu était si embrouillé qu'elle ne savait jamais quand venait son tour. Elle alla à la recherche de son hérisson.

Il était en train de se battre avec un autre hérisson; ce qui parut à Alice une excellente occasion de faire croquet de l'un sur l'autre. Il n'y avait à cela qu'une difficulté, et c'était que son flamant avait passé her flamingo was gone across the other side of the garden, where Alice could see it trying in a helpless sort of way to fly up into a tree.

By the time she had caught the flamingo and brought it back, the fight was over, and both the hedgehogs were out of sight: "but it doesn't matter much," thought Alice, "as all the arches are gone from this side of the ground." So she tucked it away under her arm, that it might not escape again, and went back for a little more conversation with her friend.

When she got back to the Cheshire-Cat, she was surprised to find quite a large crowd collected round it: there was a dispute going on between the executioner, the King, and the Queen, who were all talking at once, while all the rest were quite silent, and looked very uncomfortable.

The moment Alice appeared, she was appealed to by all three to settle the question, and they repeated their arguments to her, though, as they all spoke at once, she found it very hard to make out exactly what they said.

The executioner's argument was, that you couldn't cut off a head unless there was a body to cut it off from: that he had never had to do such a thing before, and he wasn't going to begin at his time of life.

de l'autre côté du jardin, où Alice le voyait qui faisait de vains efforts pour s'enlever et se percher sur un arbre.

Quand elle eut rattrapé et ramené le flamant, la bataille était terminée, et les deux hérissons avaient disparu. « Mais cela ne fait pas grand'chose,» pensa Alice, « puisque toutes les arches ont quitté ce côté de la pelouse.» Elle remit donc le flamant sous son bras pour qu'il ne lui échappât plus, et retourna causer un peu avec son ami.

Quand elle revint auprès du Chat, elle fut surprise de trouver une grande foule rassemblée autour de lui. Une discussion avait lieu entre le bourreau, le Roi, et la Reine, qui parlaient tous à la fois, tandis que les autres ne soufflaient mot et semblaient très-mal à l'aise.

Dès que parut Alice, ils en appelèrent à elle tous les trois pour qu'elle décidât la question, et lui répétèrent leurs raisonnements. Comme ils parlaient tous à la fois, elle eut beaucoup de peine à comprendre ce qu'ils disaient.

Le raisonnement du bourreau était: qu'on ne pouvait pas trancher une tête, à moins qu'il n'y eût un corps d'où l'on pût la couper; que jamais il n'avait eu pareille chose à faire, et que ce n'était pas à son âge qu'il allait commencer.

The King's argument was that anything that had a head could be beheaded, and that you weren't to talk nonsense.

The Queen's argument was that, if something wasn't done about it in less than no time, she'd have everybody executed, all round. (It was this last remark that had made the whole party look so grave and anxious.)

Alice could think of nothing else to

Le raisonnement du Roi était: que tout ce qui avait une tête pouvait être décapité, et qu'il ne fallait pas dire des choses qui n'avaient pas de bon sens.

Le raisonnement de la Reine était: que si la question ne se décidait pas en moins de rien, elle ferait trancher la tête à tout le monde à la ronde. (C'était cette dernière observation qui avait donné à toute la compagnie l'air si grave et si inquiet.)

Alice ne trouva rien de mieux à

say but "It belongs to the Duchess: you'd better ask her about it."

"She's in prison," the Queen said to the executioner: "fetch her here." And the executioner went off like an arrow.

The Cat's head began fading away the moment he was gone, and, by the time he had come back with the Duchess, it had entirely disappeared: so the King and the executioner ran wildly up and down, looking for it, while the rest of the party went back to the game.

dire que: « Il appartient à la Duchesse; c'est elle que vous feriez bien de consulter à ce sujet.»

« Elle est en prison,» dit la Reine au bourreau. « Qu'on l'amène ici.» Et le bourreau partit comme un trait.

La tête du Chat commença à s'évanouir aussitôt que le bourreau fut parti, et elle avait complètement disparu quand il revint accompagné de la Duchesse; de sorte que le Roi et le bourreau se mirent à courir de côté et d'autre comme des fous pour trouver cette tête, tandis que le reste de la compagnie retournait au jeu.

# THE MOCK TURTLE'S STORY

## THE MOCK TURTLE'S STORY

"You can't think how glad I am to see you again, you dear old thing!" said the Duchess, as she tucked her arm affectionately into Alice's, and they walked off together.

Alice was very glad to find her in such a pleasant temper, and thought to herself that perhaps it was only the pepper that had made her so savage when they met in the kitchen.

"When I'm a Duchess," she said to herself (not in a very hopeful tone, though), "I wo'n't have any pepper in my kitchen at all. Soup does very well without—Maybe it's always pepper that makes people hot-tempered," she went on, very much pleased at having found out a new kind of rule, "and vinegar that makes them sour—and camomile that makes them bitter—and—and barley-sugar and such things that make children sweet-tempered. I only wish people knew that: then they wouldn't be so stingy about it, you know——"

She had quite forgotten the Duchess by this time, and was a

## HISTOIRE DE LA FAUSSE-TORTUE

« Vous ne sauriez croire combien je suis heureuse de vous voir, ma bonne vieille fille!» dit la Duchesse, passant amicalement son bras sous celui d'Alice, et elles s'éloignèrent ensemble.

Alice était bien contente de la trouver de si bonne humeur, et pensait en elle-même que c'était peut-être le poivre qui l'avait rendue si méchante, lorsqu'elles se rencontrèrent dans la cuisine.

« Quand je serai Duchesse, moi,» se dit-elle (d'un ton qui exprimait peu d'espérance cependant), « je n'aurai pas de poivre dans ma cuisine, pas le moindre grain. La soupe peut très-bien s'en passer. Ça pourrait bien être le poivre qui échauffe la bile des gens,» continua-t-elle, enchantée d'avoir fait cette découverte; « ça pourrait bien être le vinaigre qui les aigrit; la camomille qui les rend amères; et le sucre d'orge et d'autres choses du même genre qui adoucissent le caractère des enfants. Je voudrais bien que tout le monde sût cela; on ne serait pas si chiche de sucreries, voyez-vous.»

Elle avait alors complètement oublié la Duchesse, et tressaillit en little startled when she heard her voice close to her ear. "You're thinking about something, my dear, and that makes you forget to talk. I ca'n't tell you just now what the moral of that is, but I shall remember it in a bit."

"Perhaps it hasn't one," Alice ventured to remark.

"Tut, tut, child!" said the Duchess. "Everything's got a moral, if only you can find it." And she squeezed herself up closer to Alice's side as she spoke.

entendant sa voix tout près de son oreille. « Vous pensez à quelque chose, ma chère petite, et cela vous fait oublier de causer. Je ne puis pas vous dire en ce moment quelle est la morale de ce fait, mais je m'en souviendrai tout à l'heure.»

« Peut-être n'y en a-t-il pas,» se hasarda de dire Alice.

« Bah, bah, mon enfant!» dit la Duchesse. « Il y a une morale à tout, si seulement on pouvait la trouver.» Et elle se serra plus près d'Alice en parlant.

Alice did not much like her keeping so close to her: first, because the Duchess was very ugly; and secondly, because she was exactly the right height to rest her chin upon Alice's shoulder,

Alice n'aimait pas trop qu'elle se tînt si près d'elle; d'abord parce que la Duchesse était très-laide, et ensuite parce qu'elle était juste assez grande pour appuyer son menton sur l'épaule d'Alice, et and it was an uncomfortably sharp chin. However, she did not like to be rude: so she bore it as well as she could.

"The game's going on rather better now," she said, by way of keeping up the conversation a little.

"'Tis so," said the Duchess: "and the moral of that is—'Oh, 'tis love, 'tis love, that makes the world go round!'"

"Somebody said," Alice whispered, "that it's done by everybody minding their own business!"

"Ah, well! It means much the same thing," said the Duchess, digging her sharp little chin into Alice's shoulder as she added "and the moral of that is—'Take care of the sense, and the sounds will take care of themselves.'"

"How fond she is of finding morals in things!" Alice thought to herself.

"I dare say you're wondering why I don't put my arm round your waist," the Duchess said, after a pause: "the reason is, that I'm doubtful about the temper of your flamingo. Shall I try the experiment?"

"He might bite," Alice cautiously replied, not feeling at all anxious to have the experiment tried.

"Very true," said the Duchess: "flamingoes and mustard both

c'était un menton très-désagréablement pointu. Pourtant elle ne voulait pas être impolie, et elle supporta cela de son mieux.

« La partie va un peu mieux maintenant,» dit-elle, afin de soutenir la conversation.

« C'est vrai,» dit la Duchesse; « et la morale en est: « Oh! c'est l'amour, l'amour qui fait aller le monde à la ronde!» »

« Quelqu'un a dit,» murmura Alice, « que c'est quand chacun s'occupe de ses affaires que le monde n'en va que mieux.»

« Eh bien! Cela signifie presque la même chose,» dit la Duchesse, qui enfonça son petit menton pointu dans l'épaule d'Alice, en ajoutant: « Et la morale en est: « Un chien vaut mieux que deux gros rats.» »

« Comme elle aime à trouver des morales partout!» pensa Alice.

« Je parie que vous vous demandez pourquoi je ne passe pas mon bras autour de votre taille,» dit la Duchesse après une pause: « La raison en est que je ne me fie pas trop à votre flamant. Voulez-vous que j'essaie?»

« Il pourrait mordre,» répondit Alice, qui ne se sentait pas la moindre envie de faire l'essai proposé.

« C'est bien vrai,» dit la Duchesse; « les flamants et la moutarde bite. And the moral of that is— 'Birds of a feather flock together.'"

"Only mustard isn't a bird," Alice remarked.

"Right, as usual," said the Duchess: "what a clear way you have of putting things!"

"It's a mineral, I think," said Alice.

"Of course it is," said the Duchess, who seemed ready to agree to everything that Alice said; "there's a large mustard-mine near here. And the moral of that is—'The more there is of mine, the less there is of yours.'"

"Oh, I know!" exclaimed Alice, who had not attended to this last remark. "It's a vegetable. It doesn't look like one, but it is."

"I quite agree with you," said the Duchess; "and the moral of that is—'Be what you would seem to be'—or, if you'd like it put more simply—'Never imagine yourself not to be otherwise than what it might appear to others that what you were or might have been was not otherwise than what you had been would have appeared to them to be otherwise.'"

"I think I should understand that better," Alice said very politely, "if I had it written down: but I ca'n't quite follow it as you say it."

mordent tous les deux, et la morale en est: « Qui se ressemble, s'assemble.» »

« Seulement la moutarde n'est pas un oiseau,» répondit Alice.

« Vous avez raison, comme toujours,» dit la Duchesse; « avec quelle clarté, vous présentez les choses!»

« C'est un minéral, je crois,» dit Alice.

« Assurément,» dit la Duchesse, qui semblait prête à approuver tout ce que disait Alice; « il y a une bonne mine de moutarde près d'ici; la morale en est qu'il faut faire bonne mine à tout le monde!»

« Oh! je sais,» s'écria Alice, qui n'avait pas fait attention à cette dernière observation, « c'est un végétal; ça n'en a pas l'air, mais c'en est un.»

« Je suis tout à fait de votre avis,» dit la Duchesse, « et la morale en est: « Soyez ce que vous voulez paraître;» ou, si vous voulez que je le dise plus simplement: « Ne vous imaginez jamais de ne pas être autrement que ce qu'il pourrait sembler aux autres que ce que vous étiez ou auriez pu être n'était pas autrement que ce que vous aviez été leur aurait paru être autrement.» »

« Il me semble que je comprendrais mieux cela,» dit Alice fort poliment, « si je l'avais par écrit: mais je ne peux pas très-

"That's nothing to what I could say if I chose," the Duchess replied, in a pleased tone.

"Pray don't trouble yourself to say it any longer than that," said Alice.

"Oh, don't talk about trouble!" said the Duchess. "I make you a present of everything I've said as yet."

"A cheap sort of present!" thought Alice. "I'm glad they don't give birthday-presents like that!" But she did not venture to say it out loud.

"Thinking again?" the Duchess asked, with another dig of her sharp little chin.

"I've a right to think," said Alice sharply, for she was beginning to feel a little worried.

"Just about as much right," said the Duchess, "as pigs have to fly; and the m——"

But here, to Alice's great surprise, the Duchess's voice died away, even in the middle of her favourite word "moral," and the arm that was linked into hers began to tremble. Alice looked up, and there stood the Queen in front of them, with her arms folded, frowning like a thunderstorm.

bien le suivre comme vous le dites.»

« Cela n'est rien auprès de ce que je pourrais dire si je voulais,» répondit la Duchesse d'un ton satisfait.

« Je vous en prie, ne vous donnez pas la peine d'allonger davantage votre explication,» dit Alice.

« Oh! ne parlez pas de ma peine,» dit la Duchesse; « je vous fais cadeau de tout ce que j'ai dit jusqu'à présent.»

« Voilà un cadeau qui n'est pas cher!» pensa Alice. « Je suis bien contente qu'on ne fasse pas de cadeau d'anniversaire comme cela!» Mais elle ne se hasarda pas à le dire tout haut.

« Encore à réfléchir?» demanda la Duchesse, avec un nouveau coup de son petit menton pointu.

« J'ai bien le droit de réfléchir,» dit Alice sèchement, car elle commençait à se sentir un peu ennuyée.

« À peu près le même droit,» dit la Duchesse, « que les cochons de voler, et la mo—»

Mais ici, au grand étonnement d'Alice, la voix de la Duchesse s'éteignit au milieu de son mot favori, morale, et le bras qui était passé sous le sien commença de trembler. Alice leva les yeux et vit la Reine en face d'elle, les bras croisés, sombre et terrible comme un orage.

"A fine day, your Majesty!" the Duchess began in a low, weak voice.

"Now, I give you fair warning," shouted the Queen, stamping on the ground as she spoke; "either you or your head must be off, and that in about half no time! Take your choice!"

The Duchess took her choice, and was gone in a moment.

"Let's go on with the game," the Queen said to Alice; and Alice was too much frightened to say a word, but slowly followed her back to the croquet-ground.

The other guests had taken advantage of the Queen's absence, and were resting in the shade: however, the moment they saw her, they hurried back to the game, the Queen merely remarking that a moment's delay would cost them their lives.

All the time they were playing the Queen never left off quarrelling with the other players, and shouting "Off with his head!' or "Off with her head!" Those whom she sentenced were taken into custody by the soldiers, who of course had to leave off being arches to do this, so that, by the end of half an hour or so, there were no arches left, and all the players, except the King, the Queen, and Alice, were in custody and under sentence of execution.

« Voilà un bien beau temps, Votre Majesté!» fit la Duchesse, d'une voix basse et tremblante.

« Je vous en préviens!» cria la Reine, trépignant tout le temps. « Hors d'ici, ou à bas la tête! et cela en moins de rien! Choisissez.»

La Duchesse eut bientôt fait son choix: elle disparut en un clin d'œil.

« Continuons notre partie,» dit la Reine à Alice; et Alice, trop effrayée pour souffler mot, la suivit lentement vers la pelouse.

Les autres invités, profitant de l'absence de la Reine, se reposaient à l'ombre, mais sitôt qu'ils la virent ils se hâtèrent de retourner au jeu, la Reine leur faisant simplement observer qu'un instant de retard leur coûterait la vie.

Tant que dura la partie, la Reine ne cessa de se quereller avec les autres joueurs et de crier: « Qu'on coupe la tête à celui-ci! Qu'on coupe la tête à celle-là!» Ceux qu'elle condamnait étaient arrêtés par les soldats qui, bien entendu, avaient à cesser de servir d'arches, de sorte qu'au bout d'une demi-heure environ, il ne restait plus d'arches, et tous les joueurs, à l'exception du Roi, de la Reine, et d'Alice, étaient arrêtés et condamnés à avoir la tête tranchée.

Then the Queen left off, quite out of breath, and said to Alice, "Have you seen the Mock Turtle yet?"

"No," said Alice. "I don't even know what a Mock Turtle is."

"It's the thing Mock Turtle Soup is made from," said the Queen.

"I never saw one, or heard of one," said Alice.

Alors la Reine cessa le jeu toute hors d'haleine, et dit à Alice: « Avez-vous vu la Fausse-Tortue?»

« Non,» dit Alice; « je ne sais même pas ce que c'est qu'une Fausse-Tortue.»

« C'est ce dont on fait la soupe à la Fausse-Tortue,» dit la Reine.

« Je n'en ai jamais vu, et c'est la première fois que j'en entends parler,» dit Alice.

"Come on, then," said the Queen, "and he shall tell you his history,"

As they walked off together, Alice heard the King say in a low voice, to the company generally, "You are all pardoned." "Come, that's a good thing!" she said to herself, for she had felt quite unhappy at the number of executions the Queen had ordered.

« Eh bien! venez,» dit la Reine, « et elle vous contera son histoire.»

Comme elles s'en allaient ensemble, Alice entendit le Roi dire à voix basse à toute la compagnie: « Vous êtes tous graciés.» « Allons, voilà qui est heureux!» se dit-elle en elle-même, car elle était toute chagrine du grand nombre d'exécutions que la Reine avait ordonnées.

They very soon came upon a Gryphon, lying fast asleep in the sun. (If you don't know what a Gryphon is, look at the picture.) "Up, lazy thing!" said the Queen, "and take this young lady to see the Mock Turtle, and to hear his history. I must go back and see after some executions I have ordered;" and she walked off, leaving Alice alone with the Gryphon. Alice did not quite like the look of the creature, but on the whole she thought it would be quite as safe to stay with it as to go after that savage Queen: so she waited.

The Gryphon sat up and rubbed its eyes: then it watched the Queen till she was out of sight: then it chuckled. "What fun!" said the Gryphon, half to itself, half to Alice.

"What is the fun?" said Alice.

"Why, she," said the Gryphon. "It's all her fancy, that: they never executes nobody, you know. Come on!"

"Everybody says 'come on!' here," thought Alice, as she went slowly after it: "I never was so ordered about before, in all my life, never!"

They had not gone far before they saw the Mock Turtle in the distance, sitting sad and lonely on a little ledge of rock, and, as they

Elles rencontrèrent bientôt un Griffon, étendu au soleil et dormant profondément. (Si vous ne savez pas ce que c'est qu'un Griffon, regardez l'image.) « Debout! paresseux,» dit la Reine, « et menez cette petite demoiselle voir la Fausse-Tortue, et l'entendre raconter son histoire. Il faut que je m'en retourne pour veiller à quelques exécutions que j'ai ordonnées;» et elle partit laissant Alice seule avec le Griffon. La mine de cet animal ne plaisait pas trop à Alice, mais, tout bien considéré, elle pensa qu'elle ne courait pas plus de risques en restant auprès de lui, qu'en suivant cette Reine farouche.

Le Griffon se leva et se frotta les yeux, puis il guetta la Reine jusqu'à ce qu'elle fût disparue; et il se mit à ricaner. « Quelle farce!» dit le Griffon, moitié à part soi, moitié à Alice.

« Quelle est la farce?» demanda Alice.

« Elle!» dit le Griffon. « C'est une idée qu'elle se fait; jamais on n'exécute personne, vous comprenez. Venez donc!»

« Tout le monde ici dit: « Venez donc!» » pensa Alice, en suivant lentement le Griffon. « Jamais de ma vie on ne m'a fait aller comme cela; non, jamais!»

Ils ne firent pas beaucoup de chemin avant d'apercevoir dans l'éloignement la Fausse-Tortue assise, triste et solitaire, sur un came nearer, Alice could hear him sighing as if his heart would break. She pitied him deeply. "What is his sorrow?" she asked the Gryphon. And the Gryphon answered, very nearly in the same words as before, "It's all his fancy, that: he hasn't got no sorrow, you know. Come on!"

petit récif, et, à mesure qu'ils approchaient, Alice pouvait l'entendre qui soupirait comme si son cœur allait se briser; elle la plaignait sincèrement. « Quel est donc son chagrin?» demanda-t-elle au Griffon; et le Griffon répondit, presque dans les mêmes termes qu'auparavant: « C'est une idée qu'elle se fait; elle n'a point de chagrin, vous comprenez. Venez donc!»

So they went up to the Mock Turtle, who looked at them with large eyes full of tears, but said

Ainsi ils s'approchèrent de la Fausse-Tortue, qui les regarda avec de grands yeux pleins de nothing.

"This here young lady," said the Gryphon, "she wants for to know your history, she do."

"I'll tell it her," said the Mock Turtle in a deep, hollow tone. "Sit down, both of you, and don't speak a word till I've finished."

So they sat down, and nobody spoke for some minutes. Alice thought to herself, "I don't see how he can ever finish, if he doesn't begin." But she waited patiently.

"Once," said the Mock Turtle at last, with a deep sigh, "I was a real Turtle."

These words were followed by a very long silence, broken only by an occasional exclamation of "Hjckrrh!" from the Gryphon, and the constant heavy sobbing of the Mock Turtle. Alice was very nearly getting up and saying, "Thank you, Sir, for your interesting story," but she could not help thinking there must be more to come, so she sat still and said nothing.

"When we were little," the Mock Turtle went on at last, more calmly, though still sobbing a little now and then, "we went to school in the sea. The master was an old Turtle—we used to call him Tortoise——"

larmes, mais ne dit rien.

« Cette petite demoiselle,» dit le Griffon, « veut savoir votre histoire.»

« Je vais la lui raconter,» dit la Fausse-Tortue, d'un ton grave et sourd: « Asseyez-vous tous deux, et ne dites pas un mot avant que j'aie fini.»

Ils s'assirent donc, et pendant quelques minutes, personne ne dit mot. Alice pensait: « Je ne vois pas comment elle pourra jamais finir si elle ne commence pas.» Mais elle attendit patiemment.

« Autrefois,» dit enfin la Fausse-Tortue, « j'étais une vraie Tortue.»

Ces paroles furent suivies d'un long silence interrompu seulement de temps à autre par cette exclamation du Griffon: « Hjckrrh!» et les soupirs continuels de la Fausse-Tortue. Alice était sur le point de se lever et de dire: « Merci de votre histoire intéressante,» mais elle ne pouvait s'empêcher de penser qu'il devait sûrement y en avoir encore à venir. Elle resta donc tranquille sans rien dire.

« Quand nous étions petits,» continua la Fausse Tortue d'un ton plus calme, quoiqu'elle laissât encore de temps à autre échapper un sanglot, « nous allions à l'école au fond de la mer. La maîtresse était une vieille tortue; nous l'appelions Chélonée.»

"Why did you call him Tortoise, if he wasn't one?" Alice asked.

"We called him Tortoise because he taught us," said the Mock Turtle angrily. "Really you are very dull!"

"You ought to be ashamed of yourself for asking such a simple question," added the Gryphon; and then they both sat silent and looked at poor Alice, who felt ready to sink into the earth. At last the Gryphon said to the Mock Turtle "Drive on, old fellow! Don't be all day about it!", and he went on in these words:—

"Yes, we went to school in the sea, though you mayn't believe it——"

"I never said I didn't!" interrupted Alice.

"You did," said the Mock Turtle.

"Hold your tongue!" added the Gryphon, before Alice could speak again. The Mock Turtle went on.

"We had the best of educations— in fact, we went to school every day——"

"I've been to a day-school, too," said Alice; "you needn't be so proud as all that."

"With extras?" asked the Mock Turtle, a little anxiously.

"Yes," said Alice, "we learned

« Et pourquoi l'appeliez-vous Chélonée, si ce n'était pas son nom?»

« Parce qu'on ne pouvait s'empêcher de s'écrier en la voyant: « Quel long nez!»« dit la Fausse-Tortue d'un ton fâché;» vous êtes vraiment bien bornée!»

« Vous devriez avoir honte de faire une question si simple!» ajouta le Griffon; et puis tous deux gardèrent le silence, les yeux fixés sur la pauvre Alice, qui se sentait prête à rentrer sous terre. Enfin le Griffon dit à la Fausse-Tortue, « En avant, camarade! Tâchez d'en finir aujourd'hui!» et elle continua en ces termes:

« Oui, nous allions à l'école dans la mer, bien que cela vous étonne.»

« Je n'ai pas dit cela,» interrompit Alice.

« Vous l'avez dit,» répondit la Fausse-Tortue.

« Taisez-vous donc,» ajouta le Griffon, avant qu'Alice pût reprendre la parole. La Fausse-Tortue continua:

« Nous recevions la meilleure éducation possible; au fait, nous allions tous les jours à l'école.»

« Moi aussi, j'y ai été tous les jours,» dit Alice;» il n'y a pas de quoi être si fière.»

« Avec des « en sus,» » dit la Fausse-Tortue avec quelque inquiétude.

« Oui,» dit Alice, « nous

French and music."

"And washing?" said the Mock Turtle.

"Certainly not!" said Alice indignantly.

"Ah! then yours wasn't a really good school," said the Mock Turtle in a tone of great relief. "Now, at ours, they had at the end of the bill, 'French, music, and washing—extra.'"

"You couldn't have wanted it much," said Alice; "living at the bottom of the sea."

"I couldn't afford to learn it," said the Mock Turtle with a sigh. "I only took the regular course."

"What was that?" inquired Alice.

"Reeling and Writhing, of course, to begin with," the Mock Turtle replied; "and then the different branches of Arithmetic—Ambition, Distraction, Uglification, and Derision."

"I never heard of 'Uglification,'" Alice ventured to say. "What is it?"

The Gryphon lifted up both its paws in surprise. "What! Never heard of uglifying!" it exclaimed. "You know what to beautify is, I suppose?"

"Yes," said Alice doubtfully: "it

apprenions l'italien et la musique en sus.»

« Et le blanchissage?» dit la Fausse-Tortue.

« Non, certainement!» dit Alice indignée.

« Ah! Alors votre pension n'était pas vraiment des bonnes,» dit la Fausse-Tortue comme soulagée d'un grand poids. « Eh bien, à notre pension il y avait au bas du prospectus: « l'italien, la musique, et le blanchissage en sus.» »

« Vous ne deviez pas en avoir grand besoin, puisque vous viviez au fond de la mer,» dit Alice.

« Je n'avais pas les moyens de l'apprendre,» dit en soupirant la Fausse-Tortue; « je ne suivais que les cours ordinaires.»

« Qu'est-ce que c'était?» demanda Alice.

« À Luire et à Médire, cela va sans dire,» répondit la Fausse-Tortue; « et puis les différentes branches de l'Arithmétique: l'Ambition, la Distraction, l'Enjolification, et la Dérision.»

« Je n'ai jamais entendu parler d'enjolification,» se hasarda de dire Alice. « Qu'est-ce que c'est?»

Le Griffon leva les deux pattes en l'air en signe d'étonnement. « Vous n'avez jamais entendu parler d'enjolir!» s'écria-t-il. « Vous savez ce que c'est que « embellir,» je suppose?»

« Oui,» dit Alice, en hésitant:

means—to—make—anything— prettier."

"Well, then," the Gryphon went on, "if you don't know what to uglify is, you are a simpleton."

Alice did not feel encouraged to ask any more questions about it: so she turned to the Mock Turtle, and said "What else had you to learn?"

"Well, there was Mystery," the Mock Turtle replied, counting off the subjects on his flappers,— "Mystery, ancient and modern, with Seaography: then Drawling— the Drawling-master was an old conger-eel, that used to come once a week: he taught us Drawling, Stretching, and Fainting in Coils."

"What was that like?" said Alice.

"Well, I can't show it you myself," the Mock Turtle said: "I'm too stiff. And the Gryphon never learnt it."

"Hadn't time," said the Gryphon: "I went to the Classical master, though. He was an old crab, he was."

"I never went to him," the Mock Turtle said with a sigh. "He taught Laughing and Grief, they used to say."

"So he did, so he did," said the Gryphon, sighing in his turn; and both creatures hid their faces in their paws.

« cela veut dire — rendre — une chose — plus belle.»

« Eh bien!» continua le Griffon, « si vous ne savez pas ce que c'est que « enjolir» vous êtes vraiment niaise.»

Alice ne se sentit pas encouragée à faire de nouvelles questions là-dessus, elle se tourna donc vers la Fausse-Tortue, et lui dit, « Qu'appreniez-vous encore?»

« Eh bien, il y avait le Grimoire,» répondit la Fausse-Tortue en comptant sur ses battoirs; « le Grimoire ancien et moderne, avec la Mérographie, et puis le Dédain; le maître de Dédain était un vieux congre qui venait une fois par semaine; il nous enseignait à Dédaigner, à Esquiver et à Feindre à l'huître.»

« Qu'est-ce que cela?» dit Alice.

« Ah! je ne peux pas vous le montrer, moi,» dit la Fausse-Tortue, « je suis trop gênée, et le Griffon ne l'a jamais appris.»

« Je n'en avais pas le temps,» dit le Griffon, « mais j'ai suivi les cours du professeur de langues mortes; c'était un vieux crabe, celui-là.»

« Je n'ai jamais suivi ses cours,» dit la Fausse-Tortue avec un soupir; « il enseignait le Larcin et la Grève.»

« C'est ça, c'est ça,» dit le Griffon, en soupirant à son tour; et ces deux créatures se cachèrent la figure dans leurs pattes.

"And how many hours a day did you do lessons?" said Alice, in a hurry to change the subject.

"Ten hours the first day," said the Mock Turtle: "nine the next, and so on."

"What a curious plan!" exclaimed Alice.

"That's the reason they're called lessons," the Gryphon remarked: "because they lessen from day to day."

This was quite a new idea to Alice, and she thought it over a little before she made her next remark. "Then the eleventh day must have been a holiday?"

"Of course it was," said the Mock Turtle.

"And how did you manage on the twelfth?" Alice went on eagerly.

"That's enough about lessons," the Gryphon interrupted in a very decided tone. "Tell her something about the games now."

« Combien d'heures de leçons aviez-vous par jour?» dit Alice vivement, pour changer la conversation.

« Dix heures, le premier jour,» dit la Fausse-Tortue; « neuf heures, le second, et ainsi de suite.»

« Quelle singulière méthode!» s'écria Alice.

« C'est pour cela qu'on les appelle leçons,» dit le Griffon, « parce que nous les laissons là peu à peu.»

C'était là pour Alice une idée toute nouvelle; elle y réfléchit un peu avant de faire une autre observation. «Alors le onzième jour devait être un jour de congé?»

« Assurément,» répondit la Fausse-Tortue.

« Et comment vous arrangiez-vous le douzième jour?» s'empressa de demander Alice.

« En voilà assez sur les leçons,» dit le Griffon intervenant d'un ton très-décidé; « parlez-lui des jeux maintenant.»

# THE LOBSTER QUADRILLE

## THE LOBSTER-QUADRILLE

The Mock Turtle sighed deeply, and drew the back of one flapper across his eyes. He looked at Alice and tried to speak, but, for a minute or two, sobs choked his voice. "Same as if he had a bone in his throat," said the Gryphon; and it set to work shaking him and punching him in the back. At last the Mock Turtle recovered his voice, and, with tears running down his cheeks, he went on again:—

"You may not have lived much under the sea—" ("I haven't," said Alice)—"and perhaps you were never even introduced to a lobster—" (Alice began to say "I once tasted——" but checked herself hastily, and said "No, never") "——so you can have no idea what a delightful thing a Lobster-Quadrille is!"

"No, indeed," said Alice. "What sort of a dance is it?"

"Why," said the Gryphon, "you first form into a line along the sea-shore——"

## LE QUADRILLE DE HOMARDS

La Fausse-Tortue soupira profondément et passa le dos d'une de ses nageoires sur ses yeux. Elle regarda Alice et s'efforça de parler, mais les sanglots étouffèrent sa voix pendant une ou deux minutes. « On dirait qu'elle a un os dans le gosier,» dit le Griffon, et il se mit à la secouer et à lui taper dans le dos. Enfin la Fausse-Tortue retrouva la voix, et, tandis que de grosses larmes coulaient le long de ses joues, elle continua:

« Peut-être n'avez-vous pas beaucoup vécu au fond de la mer?» — (« Non,» dit Alice) — « et peut-être ne vous a-t-on jamais présentée à un homard?» (Alice allait dire: « J'en ai goûté une fois —» mais elle se reprit vivement, et dit: « Non, jamais.»)» De sorte que vous ne pouvez pas du tout vous figurer quelle chose délicieuse c'est qu'un quadrille de homards.»

« Non, vraiment,» dit Alice. «Qu'est-ce que c'est que cette danse-là?»

« D'abord,» dit le Griffon, « on se met en rang le long des bords de la mer —»

"Two lines!" cried the Mock Turtle. "Seals, turtles, salmon, and so on: then, when you've cleared all the jelly-fish out of the way——"

"That generally takes some time," interrupted the Gryphon.

"—you advance twice——"

"Each with a lobster as a partner!" cried the Gryphon.

"Of course," the Mock Turtle said: "advance twice, set to partners——"

"—change lobsters, and retire in same order," continued the Gryphon.

"Then, you know," the Mock Turtle went on, "you throw the——"

"The lobsters!" shouted the Gryphon, with a bound into the air.

"—as far out to sea as you can——"

"Swim after them!" screamed the Gryphon.

"Turn a somersault in the sea!" cried the Mock Turtle, capering wildly about.

"Change lobsters again!" yelled the Gryphon at the top of its voice.

"Back to land again, and—that's all the first figure," said the Mock Turtle, suddenly dropping his voice; and the two creatures, who

« On forme deux rangs,» cria la Fausse-Tortue: « des phoques, des tortues et des saumons, et ainsi de suite. Puis lorsqu'on a débarrassé la côte des gelées de mer —»

« Cela prend ordinairement longtemps,» dit le Griffon.

« — on avance deux fois —»

« Chacun ayant un homard pour danseur,» cria le Griffon.

« Cela va sans dire,» dit la Fausse-Tortue. « Avancez deux fois et balancez —»

« Changez de homards, et revenez dans le même ordre,» continua le Griffon.

« Et puis, vous comprenez,» continua la Fausse-Tortue, « vous jetez les —»

« Les homards!» cria le Griffon, en faisant un bond en l'air.

« — aussi loin à la mer que vous le pouvez —»

« Vous nagez à leur poursuite!!» cria le Griffon.

« — vous faites une cabriole dans la mer!!!» cria la Fausse-Tortue, en cabriolant de tous côtés comme une folle.

« Changez encore de homards!!!!» hurla le Griffon de toutes ses forces.

« — revenez à terre; et — c'est là la première figure,» dit la Fausse-Tortue, baissant tout à coup la voix; et ces deux êtres, qui had been jumping about like mad things all this time, sat down again very sadly and quietly, and looked at Alice.

"It must be a very pretty dance," said Alice timidly.

"Would you like to see a little of it?" said the Mock Turtle.

pendant tout ce temps avaient bondi de tous côtés comme des fous, se rassirent bien tristement et bien posément, puis regardèrent Alice.

« Cela doit être une très-jolie danse,» dit timidement Alice.

« Voudriez-vous voir un peu comment ça se danse?» dit la Fausse-Tortue.

"Very much indeed," said Alice.

"Come, let's try the first figure!" said the Mock Turtle to the Gryphon. "We can do without lobsters, you know. Which shall sing?"

"Oh, you sing," said the Gryphon. "I've forgotten the words."

« Cela me ferait grand plaisir,» dit Alice.

« Allons, essayons la première figure,» dit la Fausse-Tortue au Griffon; « nous pouvons la faire sans homards, vous comprenez. Qui va chanter?»

« Oh! chantez, vous,» dit le Griffon; « moi j'ai oublié les paroles.»

So they began solemnly dancing round and round Alice, every now and then treading on her toes when they passed too close, and waving their fore-paws to mark the time, while the Mock Turtle sang this, very slowly and sadly:—

"Will you walk a little faster?" said
  a whiting to a snail,
"There's a porpoise close behind
  us, and he's treading on my
  tail.
See how eagerly the lobsters and
  the turtles all advance!
They are waiting on the shingle—
  will you come and join the
  dance?
Will you, wo'n't you, will you,
  wo'n't you, will you join the
  dance?
Will you, wo'n't you, will you,
  wo'n't you, wo'n't you join
  the dance?
"You can really have no notion
  how delightful it will be
When they take us up and throw
  us, with the lobsters, out to
  sea!"
But the snail replied "Too far, too
  far!", and gave a look
  askance—
Said he thanked the whiting kindly,
  but he would not join the
  dance.
Would not, could not, would not,
  could not, would not join the
  dance.
Would not, could not, would not,
  could not, could not join the
  dance.

Ils se mirent donc à danser gravement tout autour d'Alice, lui marchant de temps à autre sur les pieds quand ils approchaient trop près, et remuant leurs pattes de devant pour marquer la mesure, tandis que la Fausse-Tortue chantait très-lentement et très-tristement:

« Nous n'irons plus à l'eau,
  Si tu n'avances tôt;
  Ce Marsouin trop pressé
  Va tous nous écraser.
  Colimaçon danse,
  Entre dans la danse;
  Sautons, dansons,
  Avant de faire un plongeon.»

« Je ne veux pas danser,
  Je me f'rais fracasser.»
« Oh!» reprend le Merlan,
« C'est pourtant bien plaisant.»
  Colimaçon danse,
  Entre dans la danse;
  Sautons, dansons,
  Avant de faire un plongeon.

« Je ne veux pas plonger,
  Je ne sais pas nager.»
—» Le Homard et l'bateau
D'sauv'tag' te tir'ront d'l'eau.»
  Colimaçon danse,
  Entre dans la danse;
  Sautons, dansons,
  Avant de faire un plongeon.

*"What matters it how far we go?"*
*his scaly friend replied.*
*"There is another shore, you know,*
*upon the other side.*
*The further off from England the*
*nearer is to France—*
*Then turn not pale, beloved snail,*
*but come and join the dance.*
*Will you, wo'n't you, will you,*
*wo'n't you, will you join the*
*dance?*
*Will you, wo'n't you, will you,*
*wo'n't you, wo'n't you join*
*the dance?"*

"Thank you, it's a very interesting dance to watch," said Alice, feeling very glad that it was over at last: "and I do so like that curious song about the whiting!"

"Oh, as to the whiting," said the Mock Turtle, "they—you've seen them, of course?"

"Yes," said Alice, "I've often seen them at dinn——" she checked herself hastily.

"I don't know where Dinn may be," said the Mock Turtle; "but, if you've seen them so often, of course you know what they're like?"

"I believe so," Alice replied thoughtfully. "They have their tails in their mouths—and they're all over crumbs."

"You're wrong about the crumbs," said the Mock Turtle: "crumbs would all wash off in the sea. But they have their tails in their mouths; and the reason is——" here the Mock Turtle yawned and

« Merci; c'est une danse très-intéressante à voir danser,» dit Alice, enchantée que ce fût enfin fini; « et je trouve cette curieuse chanson du merlan si agréable!»

« Oh! quant aux merlans,» dit la Fausse-Tortue, « ils — vous les avez vus, sans doute?»

« Oui,» dit Alice, « je les ai souvent vus à dî—» elle s'arrêta tout court.

« Je ne sais pas où est Di,» reprit la Fausse Tortue; « mais, puisque vous les avez vus si souvent, vous devez savoir l'air qu'ils ont?»

« Je le crois,» répliqua Alice, en se recueillant. « Ils ont la queue dans la bouche — et sont tout couverts de mie de pain.»

« Vous vous trompez à l'endroit de la mie de pain,» dit la Fausse-Tortue: « la mie serait enlevée dans la mer, mais ils ont bien la queue dans la bouche, et la raison en est que —» Ici la Fausse-Tortue shut his eyes. "Tell her about the reason and all that," he said to the Gryphon.

"The reason is," said the Gryphon, "that they would go with the lobsters to the dance. So they got thrown out to sea. So they had to fall a long way. So they got their tails fast in their mouths. So they couldn't get them out again. That's all."

"Thank you," said Alice, "it's very interesting. I never knew so much about a whiting before."

"I can tell you more than that, if you like," said the Gryphon. "Do you know why it's called a whiting?"

"I never thought about it," said Alice. "Why?"

"It does the boots and shoes," the Gryphon replied very solemnly.

Alice was thoroughly puzzled. "Does the boots and shoes!" she repeated in a wondering tone.

"Why, what are your shoes done with?" said the Gryphon. "I mean, what makes them so shiny?"

Alice looked down at them, and considered a little before she gave her answer. "They're done with blacking, I believe."

"Boots and shoes under the sea," the Gryphon went on in a deep

« Dites-lui-en la raison et tout ce qui s'ensuit,» dit-elle au Griffon.

« La raison, c'est que les merlans,» dit le Griffon, « voulurent absolument aller à la danse avec les homards. Alors on les jeta à la mer. Alors ils eurent à tomber bien loin, bien loin. Alors ils s'entrèrent la queue fortement dans la bouche. Alors ils ne purent plus l'en retirer. Voilà tout.»

« Merci,» dit Alice, « c'est très-intéressant; je n'en avais jamais tant appris sur le compte des merlans.»

« Je propose donc,» dit le Griffon, « que vous nous racontiez quelques-unes de vos aventures.»

« Je pourrais vous conter mes aventures à partir de ce matin,» dit Alice un peu timidement; « mais il est inutile de parler de la journée d'hier, car j'étais une personne tout à fait différente alors.»

« Expliquez-nous cela,» dit la Fausse-Tortue.

« Non, non, les aventures d'abord,» dit le Griffon d'un ton d'impatience; « les explications prennent tant de temps.»

Alice commença donc à leur conter ses aventures depuis le moment où elle avait vu le Lapin Blanc pour la première fois. Elle fut d'abord un peu troublée dans le commencement; les deux voice, "are done with whiting. Now you know."

"And what are they made of?" Alice asked in a tone of great curiosity.

"Soles and eels, of course," the Gryphon replied rather impatiently: "any shrimp could have told you that."

"If I'd been the whiting," said Alice, whose thoughts were still running on the song, "I'd have said to the porpoise, 'Keep back, please! We don't want you with us!'"

"They were obliged to have him with them," the Mock Turtle said. "No wise fish would go anywhere without a porpoise."

"Wouldn't it really?" said Alice in a tone of great surprise.

"Of course not," said the Mock Turtle. "Why, if a fish came to me, and told me he was going a journey, I should say 'With what porpoise?'"

"Don't you mean 'purpose'?" said Alice.

"I mean what I say," the Mock Turtle replied in an offended tone. And the Gryphon added "Come, let's hear some of your adventures."

"I could tell you my adventures—beginning from this morning," said Alice a little timidly; "but it's no use going back to yesterday,

créatures se tenaient si près d'elle, une de chaque côté, et ouvraient de si grands yeux et une si grande bouche! Mais elle reprenait courage à mesure qu'elle parlait. Les auditeurs restèrent fort tranquilles jusqu'à ce qu'elle arrivât au moment de son histoire où elle avait eu à répéter à la chenille: « Vous êtes vieux, Père Guillaume,» et où les mots lui étaient venus tout de travers, et alors la Fausse-Tortue poussa un long soupir et dit: « C'est bien singulier.»

« Tout cela est on ne peut plus singulier,» dit le Griffon.

« Tout de travers,» répéta la Fausse-Tortue d'un air rêveur. « Je voudrais bien l'entendre réciter quelque chose à présent. Dites-lui de s'y mettre.» Elle regardait le Griffon comme si elle lui croyait de l'autorité sur Alice.

because I was a different person then."

"Explain all that," said the Mock Turtle.

"No, no! The adventures first," said the Gryphon in an impatient tone: "explanations take such a dreadful time."

So Alice began telling them her adventures from the time when she first saw the White Rabbit. She was a little nervous about it, just at first, the two creatures got so close to her, one on each side, and opened their eyes and mouths so very wide; but she gained courage as she went on. Her listeners were perfectly quiet till she got to the part about her repeating "You are old, Father William," to the Caterpillar, and the words all coming different, and then the Mock Turtle drew a long breath, and said "That's very curious."

"It's all about as curious as it can be," said the Gryphon.

"It all came different!" the Mock Turtle repeated thoughtfully. "I should like to hear her try and repeat something now. Tell her to begin." He looked at the Gryphon as if he thought it had some kind of authority over Alice.

"Stand up and repeat ''Tis the voice of the sluggard,'" said the Gryphon.

« Debout, et récitez: « C'est la voix du canon,» » dit le Griffon.

"How the creatures order one about, and make one repeat lessons!" thought Alice; "I might as

« Comme ces êtres-là vous commandent et vous font répéter des leçons!» pensa Alice; « autant

well be at school at once." However, she got up, and began to repeat it, but her head was so full of the Lobster-Quadrille, that she hardly knew what she was saying, and the words came very queer indeed:—

*'Tis the voice of the Lobster: I heard him declare*
*'You have baked me too brown, I must sugar my hair.'*
*As a duck with its eyelids, so he with his nose*
*Trims his belt and his buttons, and turns out his toes.*

[later editions continued as follows:

*When the sands are all dry, he is gay as a lark,*
*And will talk in contemptuous tones of the Shark:*
*But, when the tide rises and sharks are around,*
*His voice has a timid and tremulous sound."*]

"That's different from what I used to say when I was a child," said the Gryphon.

"Well, I never heard it before," said the Mock Turtle; "but it sounds uncommon nonsense."

Alice said nothing: she had sat down with her face in her hands, wondering if anything would ever happen in a natural way again.

"I should like to have it explained," said the Mock Turtle.

vaudrait être à l'école.» Cependant elle se leva et se mit à réciter; mais elle avait la tête si pleine du Quadrille de Homards, qu'elle savait à peine ce qu'elle disait, et que les mots lui venaient tout drôlement: —

« *C'est la voix du homard grondant comme la foudre:*
« *On m'a trop fait bouillir, il faut que je me poudre!*»
*Puis, les pieds en dehors, prenant la brosse en main,*
*De se faire bien beau vite il se met en train.*»

« C'est tout différent de ce que je récitais quand j'étais petit, moi,» dit le Griffon.

« Je ne l'avais pas encore entendu réciter,» dit la Fausse-Tortue; « mais cela me fait l'effet d'un fameux galimatias.»

Alice ne dit rien; elle s'était rassise, la figure dans ses mains, se demandant avec étonnement si jamais les choses reprendraient leur cours naturel.

« Je voudrais bien qu'on m'expliquât cela,» dit la Fausse-Tortue.

"She ca'n't explain it," said the Gryphon hastily. "Go on with the next verse."

"But about his toes?" the Mock Turtle persisted. "How could he turn them out with his nose, you know?"

"It's the first position in dancing." Alice said; but was dreadfully puzzled by the whole thing, and longed to change the subject.

"Go on with the next verse," the Gryphon repeated impatiently: "it begins *I passed by his garden.*'"

Alice did not dare to disobey, though she felt sure it would all come wrong, and she went on in a trembling voice:—

*"I passed by his garden, and marked, with one eye,*
*How the Owl and the Panther were sharing a pie:*

[later editions continued as follows:

*The Panther took pie-crust, and gravy, and meat,*
*While the Owl had the dish as its share of the treat.*
*When the pie was all finished, the Owl, as a boon,*
*Was kindly permitted to pocket the spoon:*
*While the Panther received knife and fork with a growl,*
*And concluded the banquet by—"]*

"What is the use of repeating all that stuff," the Mock Turtle

« Elle ne peut pas l'expliquer,» dit le Griffon vivement. « Continuez, récitez les vers suivants.»

« Mais, les pieds en dehors,» continua opiniâtrement la Fausse-Tortue.» Pourquoi dire qu'il avait les pieds en dehors?»

« C'est la première position lorsqu'on apprend à danser,» dit Alice; tout cela l'embarrassait fort, et il lui tardait de changer la conversation.

« Récitez les vers suivants,» répéta le Griffon avec impatience; « ça commence: « *Passant près de chez lui —* » »

Alice n'osa pas désobéir, bien qu'elle fût sûre que les mots allaient lui venir tout de travers. Elle continua donc d'une voix tremblante:

« *Passant près de chez lui, j'ai vu, ne vous déplaise,*
*Une huître et un hibou qui dînaient fort à l'aise.»*

« À quoi bon répéter tout ce galimatias,» interrompit la Fausse-interrupted, "if you don't explain it as you go on? It's by far the most confusing thing I ever heard!"

"Yes, I think you'd better leave off," said the Gryphon, and Alice was only too glad to do so.

"Shall we try another figure of the Lobster-Quadrille?" the Gryphon went on. "Or would you like the Mock Turtle to sing you another song?"

"Oh, a song, please, if the Mock Turtle would be so kind," Alice replied, so eagerly that the Gryphon said, in a rather offended tone, "Hm! No accounting for tastes! Sing her 'Turtle Soup,' will you, old fellow?"

The Mock Turtle sighed deeply, and began, in a voice choked with sobs, to sing this:—

*"Beautiful Soup, so rich and green,*
*Waiting in a hot tureen!*
*Who for such dainties would not stoop?*
*Soup of the evening, beautiful Soup!*
*Soup of the evening, beautiful Soup!*
*Beau—ootiful Soo—oop!*
*Beau—ootiful Soo—oop!*
*Soo—oop of the e—e—evening,*
*Beautiful, beautiful Soup!*
*"Beautiful Soup! Who cares for fish,*
*Game, or any other dish?*

Tortue, « si vous ne l'expliquez pas à mesure que vous le dites? C'est, de beaucoup, ce que j'ai entendu de plus embrouillant.»

« Oui, je crois que vous feriez bien d'en rester là,» dit le Griffon; et Alice ne demanda pas mieux.

« Essaierons-nous une autre figure du Quadrille de Homards?» continua le Griffon. « Ou bien, préférez-vous que la Fausse-Tortue vous chante quelque chose?»

« Oh! une chanson, je vous prie; si la Fausse-Tortue veut bien avoir cette obligeance,» répondit Alice, avec tant d'empressement que le Griffon dit d'un air un peu offensé: « Hum! Chacun son goût. Chantez-lui « La Soupe à la Tortue,» hé! camarade!»

La Fausse-Tortue poussa un profond soupir et commença, d'une voix de temps en temps étouffée par les sanglots:

« *Ô doux potage,*
*Ô mets délicieux!*
*Ah! pour partage,*
*Quoi de plus précieux?*
*Plonger dans ma soupière*
*Cette vaste cuillère*
*Est un bonheur*
*Qui me réjouit le cœur.*

« *Gibier, volaille,*
*Lièvres, dindes, perdreaux,*
*Rien qui te vaille, —*
*Pas même les pruneaux!*
*Plonger dans ma soupière*
*Cette vaste cuillère*

*Who would not give all else for two*
*Pennyworth only of beautiful Soup?*
*Pennyworth only of beautiful Soup?*
*Beau—ootiful Soo—oop!*
*Beau—ootiful Soo—oop!*
*Soo—oop of the e—e—evening,*
*Beautiful, beauti—FUL SOUP!"*

"Chorus again!" cried the Gryphon, and the Mock Turtle had just begun to repeat it, when a cry of "The trial's beginning!" was heard in the distance.

"Come on!" cried the Gryphon, and, taking Alice by the hand, it hurried off, without waiting for the end of the song.

"What trial is it?" Alice panted as she ran; but the Gryphon only answered "Come on!" and ran the faster, while more and more faintly came, carried on the breeze that followed them, the melancholy words:—

*"Soo—oop of the e—e—evening,*
*Beautiful, beautiful Soup!"*

*Est un bonheur*
*Qui me réjouit le cœur. »*

« Bis au refrain! » cria le Griffon; et la Fausse-Tortue venait de le reprendre, quand un cri, « Le procès va commencer! » se fit entendre au loin.

« Venez donc! » cria le Griffon; et, prenant Alice par la main, il se mit à courir sans attendre la fin de la chanson.

« Qu'est-ce que c'est que ce procès? » demanda Alice hors d'haleine; mais le Griffon se contenta de répondre: « Venez donc! » en courant de plus belle, tandis que leur parvenaient, de plus en plus faibles, apportées par la brise qui les poursuivait, ces paroles pleines de mélancolie:

*« Plonger dans ma soupière*
*Cette vaste cuillère*
*Est un bonheur*
*Qui me réjouit le cœur. »*

# WHO STOLE THE TARTS?

## WHO STOLE THE TARTS?

The King and Queen of Hearts were seated on their throne when they arrived, with a great crowd assembled about them—all sorts of little birds and beasts, as well as the whole pack of cards: the Knave was standing before them, in chains, with a soldier on each side to guard him; and near the King was the White Rabbit, with a trumpet in one hand, and a scroll of parchment in the other. In the very middle of the court was a table, with a large dish of tarts upon it: they looked so good, that it made Alice quite hungry to look at them—"I wish they'd get the trial done," she thought, "and hand round the refreshments!" But there seemed to be no chance of this; so she began looking at everything about her to pass away the time.

Alice had never been in a court of justice before, but she had read about them in books, and she was quite pleased to find that she knew the name of nearly everything there. "That's the judge," she said to herself, "because of his great wig."

## QUI A VOLÉ LES TARTES?

Le Roi et la Reine de Cœur étaient assis sur leur trône, entourés d'une nombreuse assemblée: toutes sortes de petits oiseaux et d'autres bêtes, ainsi que le paquet de cartes tout entier. Le Valet, chargé de chaînes, gardé de chaque côté par un soldat, se tenait debout devant le trône, et près du roi se trouvait le Lapin Blanc, tenant d'une main une trompette et de l'autre un rouleau de parchemin. Au beau milieu de la salle était une table sur laquelle on voyait un grand plat de tartes; ces tartes semblaient si bonnes que cela donna faim à Alice, rien que de les regarder. « Je voudrais bien qu'on se dépêchât de finir le procès,» pensa-t-elle, « et qu'on fît passer les rafraîchissements,» mais cela ne paraissait guère probable, aussi se mit-elle à regarder tout autour d'elle pour passer le temps.

C'était la première fois qu'Alice se trouvait dans une cour de justice, mais elle en avait lu des descriptions dans les livres, et elle fut toute contente de voir qu'elle savait le nom de presque tout ce qu'il y avait là. « Ça, c'est le juge,» se dit-elle; « je le reconnais à sa

The judge, by the way, was the King; and as he wore his crown over the wig, (look at the frontispiece if you want to see how he did it), he did not look at all comfortable, and it was certainly not becoming.

"And that's the jury-box," thought Alice; "and those twelve creatures," (she was obliged to say "creatures," you see, because some of them were animals, and some were birds,) "I suppose they are the jurors." She said this last word two or three times over to herself, being rather proud of it: for she thought, and rightly too, that very few little girls of her age knew the meaning of it at all. However, "jurymen" would have done just as well.

The twelve jurors were all writing very busily on slates. "What are they doing?" Alice whispered to the Gryphon. "They ca'n't have anything to put down yet, before the trial's begun."

"They're putting down their names," the Gryphon whispered in reply, "for fear they should forget them before the end of the trial."

"Stupid things!" Alice began in a loud, indignant voice; but she stopped hastily, for the White Rabbit cried out, "Silence in the court!", and the King put on his spectacles and looked anxiously round, to make out who was

grande perruque.»

Le juge, disons-le en passant, était le Roi, et, comme il portait sa couronne par-dessus sa perruque (regardez le frontispice, si vous voulez savoir comment il s'était arrangé) il n'avait pas du tout l'air d'être à son aise, et cela ne lui allait pas bien du tout.

« Et ça, c'est le banc du jury,» pensa Alice; «et ces douze créatures» (elle était forcée de dire « créatures,» vous comprenez, car quelques-uns étaient des bêtes et quelques autres des oiseaux), « je suppose que ce sont les jurés;» elle se répéta ce dernier mot deux ou trois fois, car elle en était assez fière: pensant avec raison que bien peu de petites filles de son âge savent ce que cela veut dire.

Les douze jurés étaient tous très-occupés à écrire sur des ardoises. « Qu'est-ce qu'ils font là?» dit Alice à l'oreille du Griffon. « Ils ne peuvent rien avoir à écrire avant que le procès soit commencé.»

« Ils inscrivent leur nom,» répondit de même le Griffon, « de peur de l'oublier avant la fin du procès.»

« Les niais!» s'écria Alice d'un ton indigné, mais elle se retint bien vite, car le Lapin Blanc cria: « Silence dans l'auditoire!» Et le Roi, mettant ses lunettes, regarda vivement autour de lui pour voir qui parlait.

talking.

Alice could see, as well as if she were looking over their shoulders, that all the jurors were writing down "Stupid things!" on their slates, and she could even make out that one of them didn't know how to spell "stupid," and that he had to ask his neighbour to tell him. "A nice muddle their slates'll be in before the trial's over!" thought Alice.

One of the jurors had a pencil that squeaked. This, of course, Alice could not stand, and she went round the court and got behind him, and very soon found an opportunity of taking it away. She did it so quickly that the poor little juror (it was Bill, the Lizard) could not make out at all what had become of it; so, after hunting all about for it, he was obliged to write with one finger for the rest of the day; and this was of very little use, as it left no mark on the slate.

"Herald, read the accusation!" said the King.

On this the White Rabbit blew three blasts on the trumpet, and then unrolled the parchment-scroll, and read as follows:—

*"The Queen of Hearts, she made some tarts,*
*All on a summer day:*
*The Knave of Hearts, he stole those tarts,*
*And took them quite away!"*

Alice pouvait voir, aussi clairement que si elle eût regardé par-dessus leurs épaules, que tous les jurés étaient en train d'écrire « les niais» sur leurs ardoises, et elle pouvait même distinguer que l'un d'eux ne savait pas écrire « niais» et qu'il était obligé de le demander à son voisin. « Leurs ardoises seront dans un bel état avant la fin du procès!» pensa Alice.

Un des jurés avait un crayon qui grinçait; Alice, vous le pensez bien, ne pouvait pas souffrir cela; elle fit le tour de la salle, arriva derrière lui, et trouva bientôt l'occasion d'enlever le crayon. Ce fut si tôt fait que le pauvre petit juré (c'était Jacques, le lézard) ne pouvait pas s'imaginer ce qu'il était devenu. Après avoir cherché partout, il fut obligé d'écrire avec un doigt tout le reste du jour, et cela était fort inutile, puisque son doigt ne laissait aucune marque sur l'ardoise.

« Héraut, lisez l'acte d'accusation!» dit le Roi.

Sur ce, le Lapin Blanc sonna trois fois de la trompette, et puis, déroulant le parchemin, lut ainsi qu'il suit:

*« La Reine de Cœur fit des tartes,*
*Un beau jour de printemps;*
*Le Valet de Cœur prit les tartes,*
*Et s'en fut tout content!»*

"Consider your verdict," the King said to the jury.

"Not yet, not yet!" the Rabbit hastily interrupted. "There's a great deal to come before that!"

"Call the first witness," said the King; and the White Rabbit blew three blasts on the trumpet, and called out, "First witness!"

The first witness was the Hatter. He came in with a teacup in one hand and a piece of bread-and-butter in the other. "I beg pardon, your Majesty," he began, "for bringing these in; but I hadn't quite finished my tea when I was

« Délibérez,» dit le Roi aux jurés.

« Pas encore, pas encore,» interrompit vivement le Lapin; « il y a bien des choses à faire auparavant!»

« Appelez les témoins,» dit le Roi; et le Lapin Blanc sonna trois fois de la trompette, et cria: « Le premier témoin!»

Le premier témoin était le Chapelier. Il entra, tenant d'une main une tasse de thé et de l'autre une tartine de beurre. « Pardon, Votre Majesté,» dit-il, « si j'apporte cela ici; je n'avais pas tout à fait fini de prendre mon thé sent for."

"You ought to have finished," said the King. "When did you begin?"

The Hatter looked at the March Hare, who had followed him into the court, arm-in-arm with the Dormouse. "Fourteenth of March, I think it was," he said.

"Fifteenth," said the March Hare.

"Sixteenth," said the Dormouse.

"Write that down," the King said to the jury; and the jury eagerly wrote down all three dates on their slates, and then added them up, and reduced the answer to shillings and pence.

"Take off your hat," the King said to the Hatter.

"It isn't mine," said the Hatter.

"Stolen!" the King exclaimed, turning to the jury, who instantly made a memorandum of the fact.

"I keep them to sell," the Hatter added as an explanation. "I've none of my own. I'm a hatter."

Here the Queen put on her spectacles, and began staring hard at the Hatter, who turned pale and fidgeted.

"Give your evidence," said the King; "and don't be nervous, or I'll have you executed on the spot."

lorsqu'on est venu me chercher.»

« Vous auriez dû avoir fini,» dit le Roi; « quand avez-vous commencé?»

Le Chapelier regarda le Lièvre qui l'avait suivi dans la salle, bras dessus bras dessous avec le Loir. « Le Quatorze Mars, je crois bien,» dit-il.

« Le Quinze!» dit le Lièvre.

« Le Seize!» ajouta le Loir.

« Notez cela,» dit le Roi aux jurés. Et les jurés s'empressèrent d'écrire les trois dates sur leurs ardoises; puis en firent l'addition, dont ils cherchèrent à réduire le total en francs et centimes.

« Ôtez votre chapeau,» dit le Roi au Chapelier.

« Il n'est pas à moi,» dit le Chapelier.

« Volé!» s'écria le Roi en se tournant du côté des jurés, qui s'empressèrent de prendre note du fait.

« Je les tiens en vente,» ajouta le Chapelier, comme explication. « Je n'en ai pas à moi; je suis chapelier.»

Ici la Reine mit ses lunettes, et se prit à regarder fixement le Chapelier, qui devint pâle et tremblant.

« Faites votre déposition,» dit le Roi; « et ne soyez pas agité; sans cela je vous fais exécuter sur-le-champ.»

This did not seem to encourage the witness at all: he kept shifting from one foot to the other, looking uneasily at the Queen, and in his confusion he bit a large piece out of his teacup instead of the bread-and-butter.

Just at this moment Alice felt a very curious sensation, which puzzled her a good deal until she made out what it was: she was beginning to grow larger again, and she thought at first she would get up and leave the court; but on second thoughts she decided to remain where she was as long as there was room for her.

"I wish you wouldn't squeeze so." said the Dormouse, who was sitting next to her. "I can hardly breathe."

"I ca'n't help it," said Alice very meekly: "I'm growing."

"You've no right to grow here," said the Dormouse.

"Don't talk nonsense," said Alice more boldly: "you know you're growing too."

"Yes, but I grow at a reasonable pace," said the Dormouse: "not in that ridiculous fashion." And he got up very sulkily and crossed over to the other side of the court.

All this time the Queen had never left off staring at the Hatter, and, just as the Dormouse crossed the court, she said, to one of the

Cela ne parut pas du tout encourager le témoin; il ne cessait de passer d'un pied sur l'autre en regardant la Reine d'un air inquiet, et, dans son trouble, il mordit dans la tasse et en enleva un grand morceau, au lieu de mordre dans la tartine de beurre.

Juste à ce moment-là, Alice éprouva une étrange sensation qui l'embarrassa beaucoup, jusqu'à ce qu'elle se fût rendu compte de ce que c'était. Elle recommençait à grandir, et elle pensa d'abord à se lever et à quitter la cour: mais, toute réflexion faite, elle se décida à rester où elle était, tant qu'il y aurait de la place pour elle.

« Ne poussez donc pas comme ça,» dit le Loir; « je puis à peine respirer.»

« Ce n'est pas de ma faute,» dit Alice doucement; « je grandis.»

« Vous n'avez pas le droit de grandir ici,» dit le Loir.

« Ne dites pas de sottises,» répliqua Alice plus hardiment; « vous savez bien que vous aussi vous grandissez.»

« Oui, mais je grandis raisonnablement, moi,» dit le Loir; « et non de cette façon ridicule.» Il se leva en faisant la mine, et passa de l'autre côté de la salle.

Pendant tout ce temps-là, la Reine n'avait pas cessé de fixer les yeux sur le Chapelier, et, comme le Loir traversait la salle, elle dit à un des officers of the court, "Bring me the list of the singers in the last concert!" on which the wretched Hatter trembled so, that he shook off both his shoes.

officiers du tribunal: « Apportez-moi la liste des chanteurs du dernier concert.» Sur quoi, le malheureux Chapelier se mit à trembler si fortement qu'il en perdit ses deux souliers.

"Give your evidence," the King repeated angrily, "or I'll have you executed, whether you are nervous or not."

« Faites votre déposition,» répéta le Roi en colère; « ou bien je vous fais exécuter, que vous soyez troublé ou non!»

"I'm a poor man, your Majesty," the Hatter began, in a trembling voice, "--and I hadn't begun my tea—not above a week or so—and what with the bread-and-butter getting so thin—and the twinkling of the tea——"

« Je suis un pauvre homme, Votre Majesté,» fit le Chapelier d'une voix tremblante; « et il n'y avait guère qu'une semaine ou deux que j'avais commencé à prendre mon thé, et avec ça les tartines devenaient si minces et les dragées du thé —»

"The twinkling of what?" said the King.

« Les dragées de quoi?» dit le Roi.

"It began with the tea," the Hatter replied.

« Ça a commencé par le thé,» répondit le Chapelier.

"Of course twinkling begins with a

« Je vous dis que dragée

T!" said the King sharply. "Do you take me for a dunce? Go on!"

"I'm a poor man," the Hatter went on, "and most things twinkled after that—only the March Hare said——"

"I didn't!" the March Hare interrupted in a great hurry.

"You did!" said the Hatter.

"I deny it!" said the March Hare.

"He denies it," said the King: "leave out that part."

"Well, at any rate, the Dormouse said——" the Hatter went on, looking anxiously round to see if he would deny it too; but the Dormouse denied nothing, being fast asleep.

"After that," continued the Hatter, "I cut some more bread-and-butter——"

"But what did the Dormouse say?" one of the jury asked.

"That I ca'n't remember," said the Hatter.

"You must remember," remarked the King, "or I'll have you executed."

The miserable Hatter dropped his teacup and bread-and-butter, and went down on one knee. "I'm a poor man, your Majesty," he began.

"You're a very poor speaker," said

« commence par un d!» cria le Roi vivement. « Me prenez-vous pour un âne? Continuez!»

« Je suis un pauvre homme,» continua le Chapelier; «et les dragées et les autres choses me firent perdre la tête. Mais le Lièvre dit —»

« C'est faux!» s'écria le Lièvre se dépêchant de l'interrompre.

« C'est vrai!» cria le Chapelier.

« Je le nie!» cria le Lièvre.

« Il le nie!» dit le Roi. « Passez là-dessus.»

« Eh bien! dans tous les cas, le Loir dit —» continua le Chapelier, regardant autour de lui pour voir s'il nierait aussi; mais le Loir ne nia rien, car il dormait profondément.

« Après cela,» continua le Chapelier, « je me coupai d'autres tartines de beurre.»

« Mais, que dit le Loir?» demanda un des jurés.

« C'est ce que je ne peux pas me rappeler,» dit le Chapelier.

« Il faut absolument que vous vous le rappeliez,» fit observer le Roi; « ou bien je vous fais exécuter.»

Le malheureux Chapelier laissa tomber sa tasse et sa tartine de beurre, et mit un genou en terre. « Je suis un pauvre homme, Votre Majesté!» commença-t-il.

« Vous êtes un très-pauvre

the King.

Here one of the guinea-pigs cheered, and was immediately suppressed by the officers of the court. (As that is rather a hard word, I will just explain to you how it was done. They had a large canvas bag, which tied up at the mouth with strings: into this they slipped the guinea-pig, head first, and then sat upon it.)

"I'm glad I've seen that done," thought Alice. "I've so often read in the newspapers, at the end of trials, 'There was some attempt at applause, which was immediately suppressed by the officers of the court,' and I never understood what it meant till now."

"If that's all you know about it, you may stand down," continued the King.

"I can't go no lower," said the Hatter: "I'm on the floor, as it is."

"Then you may sit down," the King replied.

Here the other guinea-pig cheered, and was suppressed.

"Come, that finishes the guinea-pigs!" thought Alice. "Now we shall get on better."

"I'd rather finish my tea," said the Hatter, with an anxious look at the Queen, who was reading the list of

orateur,» dit le Roi.

Ici un des cochons d'Inde applaudit, et fut immédiatement réprimé par un des huissiers. (Comme ce mot est assez difficile, je vais vous expliquer comment cela se fit. Ils avaient un grand sac de toile qui se fermait à l'aide de deux ficelles attachées à l'ouverture; dans ce sac ils firent glisser le cochon d'Inde la tête la première, puis ils s'assirent dessus.)

« Je suis contente d'avoir vu cela,» pensa Alice. « J'ai souvent lu dans les journaux, à la fin des procès: « Il se fit quelques tentatives d'applaudissements qui furent bientôt réprimées par les huissiers,» et je n'avais jamais compris jusqu'à présent ce que cela voulait dire.»

« Si c'est là tout ce que vous savez de l'affaire, vous pouvez vous prosterner,» continua le Roi.

« Je ne puis pas me prosterner plus bas que cela,» dit le Chapelier; « je suis déjà par terre.»

« Alors asseyez-vous,» répondit le Roi.

Ici l'autre cochon d'Inde applaudit et fut réprimé.

« Bon, cela met fin aux cochons d'Inde!» pensa Alice. « Maintenant ça va mieux aller.»

« J'aimerais bien aller finir de prendre mon thé,» dit le Chapelier, en lançant un regard inquiet sur la Reine, qui lisait la singers.

liste des chanteurs.

"You may go," said the King, and the Hatter hurriedly left the court, without even waiting to put his shoes on.

"——and just take his head off outside," the Queen added to one of the officers; but the Hatter was out of sight before the officer could get to the door.

"Call the next witness!" said the King.

The next witness was the Duchess's cook. She carried the pepper-box in her hand, and Alice guessed who it was, even before she got into the court, by the way the people near the door began sneezing all at once.

"Give your evidence," said the King.

« Vous pouvez vous retirer,» dit le Roi; et le Chapelier se hâta de quitter la cour, sans même prendre le temps de mettre ses souliers.

« Et coupez-lui la tête dehors,» ajouta la Reine, s'adressant à un des huissiers; mais le Chapelier était déjà bien loin avant que l'huissier arrivât à la porte.

« Appelez un autre témoin,» dit le Roi.

L'autre témoin, c'était la cuisinière de la Duchesse; elle tenait la poivrière à la main, et Alice devina qui c'était, même avant qu'elle entrât dans la salle, en voyant éternuer, tout à coup et tous à la fois, les gens qui se trouvaient près de la porte.

« Faites votre déposition,» dit le Roi.

"Sha'n't," said the cook.

The King looked anxiously at the White Rabbit, who said, in a low voice, "Your Majesty must cross-examine this witness."

"Well, if I must, I must," the King said with a melancholy air, and, after folding his arms and frowning at the cook till his eyes were nearly out of sight, he said, in a deep voice, "What are tarts made of?"

"Pepper, mostly," said the cook.

"Treacle," said a sleepy voice behind her.

"Collar that Dormouse," the Queen shrieked out. "Behead that Dormouse! Turn that Dormouse out of court! Suppress him! Pinch him! Off with his whiskers!"

For some minutes the whole court was in confusion, getting the Dormouse turned out, and, by the time they had settled down again, the cook had disappeared.

"Never mind!" said the King, with an air of great relief. "Call the next witness." And, he added, in an under-tone to the Queen, "Really, my dear, you must cross-examine the next witness. It quite makes my forehead ache!"

Alice watched the White Rabbit as he fumbled over the list, feeling

« Non!» dit la cuisinière.

Le Roi regarda d'un air inquiet le Lapin Blanc, qui lui dit à voix basse: « Il faut que Votre Majesté interroge ce témoin-là contradictoirement.»

« Puisqu'il le faut, il le faut,» dit le Roi, d'un air triste; et, après avoir croisé les bras et froncé les sourcils en regardant la cuisinière, au point que les yeux lui étaient presque complètement rentrés dans la tête, il dit d'une voix creuse: « De quoi les tartes sont-elles faites?»

« De poivre principalement!» dit la cuisinière.

« De mélasse,» dit une voix endormie derrière elle.

« Saisissez ce Loir au collet!» cria la Reine. « Coupez la tête à ce Loir! Mettez ce Loir à la porte! Réprimez-le, pincez-le, arrachez-lui ses moustaches!»

Pendant quelques instants, toute la cour fut sens dessus dessous pour mettre le Loir à la porte; et, quand le calme fut rétabli, la cuisinière avait disparu.

« Cela ne fait rien,» dit le Roi, comme soulagé d'un grand poids. « Appelez le troisième témoin;» et il ajouta à voix basse en s'adressant à la Reine: « Vraiment, mon amie, il faut que vous interrogiez cet autre témoin; cela me fait trop mal au front!»

Alice regardait le Lapin Blanc tandis qu'il tournait la liste dans very curious to see what the next witness would be like, "—for they haven't got much evidence yet," she said to herself. Imagine her surprise, when the White Rabbit read out, at the top of his shrill little voice, the name "Alice!"

ses doigts, curieuse de savoir quel serait l'autre témoin. « Car les dépositions ne prouvent pas grand'chose jusqu'à présent,» se dit-elle. Imaginez sa surprise quand le Lapin Blanc cria, du plus fort de sa petite voix criarde: « Alice!»

# ALICE 'S EVIDENCE

## ALICE'S EVIDENCE

"Here!" cried Alice, quite forgetting in the flurry of the moment how large she had grown in the last few minutes, and she jumped up in such a hurry that she tipped over the jury-box with the edge of her skirt, upsetting all the jurymen on to the heads of the crowd below, and there they lay sprawling about, reminding her very much of a globe of gold-fish she had accidentally upset the week before.

"Oh, I beg your pardon!" she exclaimed in a tone of great

## DÉPOSITION D'ALICE

« Voilà!» cria Alice, oubliant tout à fait dans le trouble du moment combien elle avait grandi depuis quelques instants, et elle se leva si brusquement qu'elle accrocha le banc des jurés avec le bord de sa robe, et le renversa, avec tous ses occupants, sur la tête de la foule qui se trouvait au-dessous, et on les vit se débattant de tous côtés, comme les poissons rouges du vase qu'elle se rappelait avoir renversé par accident la semaine précédente.

« Oh! je vous demande bien pardon!» s'écria-t-elle toute

dismay, and began picking them up again as quickly as she could, for the accident of the gold-fish kept running in her head, and she had a vague sort of idea that they must be collected at once and put back into the jury-box, or they would die.

"The trial cannot proceed," said the King, in a very grave voice, "until all the jurymen are back in their proper places—all," he repeated with great emphasis, looking hard at Alice as he said so.

Alice looked at the jury-box, and saw that, in her haste, she had put the Lizard in head downwards, and the poor little thing was waving its tail about in a melancholy way, being quite unable to move. She soon got it out again, and put it right; "not that it signifies much," she said to herself; "I should think it would be quite as much use in the trial one way up as the other."

As soon as the jury had a little recovered from the shock of being upset, and their slates and pencils had been found and handed back to them, they set to work very diligently to write out a history of the accident, all except the Lizard, who seemed too much overcome to do anything but sit with its mouth open, gazing up into the roof of the court.

"What do you know about this business?" the King said to Alice.

confuse, et elle se mit à les ramasser bien vite, car l'accident arrivé aux poissons rouges lui trottait dans la tête, et elle avait une idée vague qu'il fallait les ramasser tout de suite et les remettre sur les bancs, sans quoi ils mourraient.

« Le procès ne peut continuer,» dit le Roi d'une voix grave, « avant que les jurés soient tous à leurs places; tous!» répéta-t-il avec emphase en regardant fixement Alice.

Alice regarda le banc des jurés, et vit que dans son empressement elle y avait placé le Lézard la tête en bas, et le pauvre petit être remuait la queue d'une triste façon, dans l'impossibilité de se redresser; elle l'eut bientôt retourné et replacé convenablement. « Non que cela soit bien important,» se dit-elle, « car je pense qu'il serait tout aussi utile au procès la tête en bas qu'autrement.»

Sitôt que les jurés se furent un peu remis de la secousse, qu'on eut retrouvé et qu'on leur eut rendu leurs ardoises et leurs crayons, ils se mirent fort diligemment à écrire l'histoire de l'accident, à l'exception du Lézard, qui paraissait trop accablé pour faire autre chose que demeurer la bouche ouverte, les yeux fixés sur le plafond de la salle.

« Que savez-vous de cette affaire-là?» demanda le Roi à Alice.

"Nothing," said Alice.

"Nothing whatever?" persisted the King.

"Nothing whatever," said Alice.

"That's very important," the King said, turning to the jury. They were just beginning to write this down on their slates, when the White Rabbit interrupted: "Unimportant, your Majesty means, of course," he said, in a very respectful tone, but frowning and making faces at him as he spoke.

"Unimportant, of course, I meant," the King hastily said, and went on to himself in an under-tone, "important—unimportant— unimportant—important——" as if he were trying which word sounded best.

Some of the jury wrote it down "important," and some "unimportant." Alice could see this, as she was near enough to look over their slates; "but it doesn't matter a bit," she thought to herself.

At this moment the King, who had been for some time busily writing in his note-book, called out "Silence!", and read out from his book, "Rule Forty-two. All persons more than a mile high to leave the court."

Everybody looked at Alice.

« Rien,» répondit-elle.

« Rien absolument?» insista le Roi.

« Rien absolument,» dit Alice.

« Voilà qui est très-important,» dit le Roi, se tournant vers les jurés. Ils allaient écrire cela sur leurs ardoises quand le Lapin Blanc interrompant: « Peu important, veut dire Votre Majesté, sans doute,» dit-il d'un ton très-respectueux, mais en fronçant les sourcils et en lui faisant des grimaces.

« Peu important, bien entendu, c'est ce que je voulais dire,» répliqua le Roi avec empressement. Et il continua de répéter à demi-voix: « Très-important, peu important, peu important, très-important;» comme pour essayer lequel des deux était le mieux sonnant.

Quelques-uns des jurés écrivirent « très-important,» d'autres, « peu important.» Alice voyait tout cela, car elle était assez près d'eux pour regarder sur leurs ardoises. « Mais cela ne fait absolument rien,» pensa-t-elle.

À ce moment-là, le Roi, qui pendant quelque temps avait été fort occupé à écrire dans son carnet, cria: « Silence!» et lut sur son carnet: « Règle Quarante-deux: Toute personne ayant une taille de plus d'un mille de haut devra quitter la cour.»

Tout le monde regarda Alice.

"I'm not a mile high," said Alice.

"You are," said the King.

"Nearly two miles high," added the Queen.

"Well, I sha'n't go, at any rate," said Alice: "besides, that's not a regular rule: you invented it just now."

"It's the oldest rule in the book," said the King.

"Then it ought to be Number One," said Alice.

The King turned pale, and shut his note-book hastily. "Consider your verdict," he said to the jury, in a low trembling voice.

"There's more evidence to come yet, please your Majesty," said the White Rabbit, jumping up in a great hurry: "this paper has just been picked up."

"What's in it?" said the Queen.

"I haven't opened it yet," said the White Rabbit; "but it seems to be a letter, written by the prisoner to—to somebody."

"It must have been that," said the King, "unless it was written to nobody, which isn't usual, you know."

"Who is it directed to?" said one of the jurymen.

"It isn't directed at all," said the White Rabbit: "in fact, there's nothing written on the outside."

« Je n'ai pas un mille de haut,» dit-elle.

« Si fait,» dit le Roi.

« Près de deux milles,» ajouta la Reine.

« Eh bien! je ne sortirai pas quand même; d'ailleurs cette règle n'est pas d'usage, vous venez de l'inventer.»

« C'est la règle la plus ancienne qu'il y ait dans le livre,» dit le Roi.

« Alors elle devrait porter le numéro Un.»

Le Roi devint pâle et ferma vivement son carnet.» Délibérez,» dit-il aux jurés d'une voix faible et tremblante.

« Il y a d'autres dépositions à recevoir, s'il plaît à Votre Majesté,» dit le Lapin, se levant précipitamment; « on vient de ramasser ce papier.»

« Qu'est-ce qu'il y a dedans?» dit la Reine.

« Je ne l'ai pas encore ouvert,» dit le Lapin Blanc; « mais on dirait que c'est une lettre écrite par l'accusé à — à quelqu'un.»

« Cela doit être ainsi,» dit le Roi, « à moins qu'elle ne soit écrite à personne, ce qui n'est pas ordinaire, vous comprenez.»

« À qui est-elle adressée?» dit un des jurés.

« Elle n'est pas adressée du tout,» dit le Lapin Blanc; « au fait, il n'y a rien d'écrit à l'extérieur.» Il déplia

He unfolded the paper as he spoke, and added "It isn't a letter, after all: it's a set of verses."

"Are they in the prisoner's handwriting?" asked another of the jurymen.

"No, they're not," said the White Rabbit, "and that's the queerest thing about it." (The jury all looked puzzled.)

"He must have imitated somebody else's hand," said the King. (The jury all brightened up again.)

"Please your Majesty," said the Knave, "I didn't write it, and they ca'n't prove that I did: there's no name signed at the end."

"If you didn't sign it," said the King, "that only makes the matter worse. You must have meant some mischief, or else you'd have signed your name like an honest man."

There was a general clapping of hands at this: it was the first really clever thing the King had said that day.

"That proves his guilt, of course," said the Queen: "so, off with——."

"It doesn't prove anything of the sort!" said Alice. "Why, you don't even know what they're about!"

"Read them," said the King.

The White Rabbit put on his spectacles. "Where shall I begin, please your Majesty?" he asked.

le papier tout en parlant et ajouta: « Ce n'est pas une lettre, après tout; c'est une pièce de vers.»

« Est-ce l'écriture de l'accusé?» demanda un autre juré.

« Non,» dit le Lapin Blanc, « et c'est ce qu'il y a de plus drôle.» (Les jurés eurent tous l'air fort embarrassé.)

« Il faut qu'il ait imité l'écriture d'un autre,» dit le Roi. (Les jurés reprirent l'air serein.)

« Pardon, Votre Majesté,» dit le Valet, « ce n'est pas moi qui ai écrit cette lettre, et on ne peut pas prouver que ce soit moi; il n'y a pas de signature.»

« Si vous n'avez pas signé,» dit le Roi, « cela ne fait qu'empirer la chose; il faut absolument que vous ayez eu de mauvaises intentions, sans cela vous auriez signé, comme un honnête homme.»

Là-dessus tout le monde battit des mains; c'était la première réflexion vraiment bonne que le Roi eût faite ce jour-là.

« Cela prouve sa culpabilité,» dit la Reine.

« Cela ne prouve rien,» dit Alice. « Vous ne savez même pas ce dont il s'agit.»

« Lisez ces vers,» dit le Roi.

Le Lapin Blanc mit ses lunettes. « Par où commencerai-je, s'il plaît à Votre Majesté?» demanda-t-il.

"Begin at the beginning," the King said, very gravely, "and go on till you come to the end: then stop."

There was dead silence in the court, whilst the White Rabbit read out these verses:—

*"They told me you had been to her,*
*And mentioned me to him:*
*She gave me a good character,*
*But said I could not swim.*

*He sent them word I had not gone*
*(We know it to be true):*
*If she should push the matter on,*
*What would become of you?*

*I gave her one, they gave him two,*
*You gave us three or more;*
*They all returned from him to you,*
*Though they were mine before.*

*If I or she should chance to be*
*Involved in this affair,*
*He trusts to you to set them free,*
*Exactly as we were.*

*My notion was that you had been*
*(Before she had this fit)*
*An obstacle that came between*
*Him, and ourselves, and it.*

*Don't let him know she liked them best,*
*For this must ever be*
*A secret, kept from all the rest,*
*Between yourself and me."*

"That's the most important piece

« Commencez par le commencement,» dit gravement le Roi, « et continuez jusqu'à ce que vous arriviez à la fin; là, vous vous arrêterez.»

Voici les vers que lut le Lapin Blanc:

*« On m'a dit que tu fus chez elle*
*Afin de lui pouvoir parler,*
*Et qu'elle assura, la cruelle,*
*Que je ne savais pas nager!*

*Bientôt il leur envoya dire*
*(Nous savons fort bien que c'est vrai!)*
*Qu'il ne faudrait pas en médire,*
*Ou gare les coups de balai!*

*J'en donnai trois, elle en prit une;*
*Combien donc en recevrons-nous?*
*(Il y a là quelque lacune.)*
*Toutes revinrent d'eux à vous.*

*Si vous ou moi, dans cette affaire,*
*Étions par trop embarrassés,*
*Prions qu'il nous laisse, confrère,*
*Tous deux comme il nous a trouvés.*

*Vous les avez, j'en suis certaine,*
*(Avant que de ses nerfs l'accès*
*Ne bouleversât l'inhumaine,)*
*Trompés tous trois avec succès.*

*Cachez-lui qu'elle les préfère;*
*Car ce doit être, par ma foi,*
*(Et sera toujours, je l'espère)*
*Un secret entre vous et moi.»*

« Voilà la pièce de conviction la

of evidence we've heard yet," said the King, rubbing his hands; "so now let the jury——"

"If any one of them can explain it," said Alice, (she had grown so large in the last few minutes that she wasn't a bit afraid of interrupting him,) "I'll give him sixpence. I don't believe there's an atom of meaning in it."

The jury all wrote down, on their slates, "She doesn't believe there's an atom of meaning in it," but none of them attempted to explain the paper.

"If there's no meaning in it," said the King, "that saves a world of trouble, you know, as we needn't try to find any. And yet I don't know," he went on, spreading out the verses on his knee, and looking at them with one eye; "I seem to see some meaning in them, after all. '—said I could not swim—' you ca'n't swim, can you?" he added, turning to the Knave.

The Knave shook his head sadly. "Do I look like it?" he said. (Which he certainly did not, being made entirely of cardboard.)

"All right, so far," said the King; and he went on muttering over the verses to himself: "'We know it to be true'—that's the jury, of

plus importante que nous ayons eue jusqu'à présent,» dit le Roi en se frottant les mains; « ainsi, que le jury maintenant — —»

« S'il y a un seul des jurés qui puisse l'expliquer,» dit Alice (elle était devenue si grande dans ces derniers instants qu'elle n'avait plus du tout peur de l'interrompre), «je lui donne une pièce de dix sous. Je ne crois pas qu'il y ait un atome de sens commun là-dedans.»

Tous les jurés écrivirent sur leurs ardoises: « Elle ne croit pas qu'il y ait un atome de sens commun là-dedans,» mais aucun d'eux ne tenta d'expliquer la pièce de vers.

« Si elle ne signifie rien,» dit le Roi, « cela nous épargne un monde d'ennuis, vous comprenez; car il est inutile d'en chercher l'explication; et cependant je ne sais pas trop,» continua-t-il en étalant la pièce de vers sur ses genoux et les regardant d'un œil; « il me semble que j'y vois quelque chose, après tout. « Que je ne savais pas nager!» Vous ne savez pas nager, n'est-ce pas?» ajouta-t-il en se tournant vers le Valet.

Le Valet secoua la tête tristement. « En ai-je l'air,» dit-il. (Non, certainement, il n'en avait pas l'air, étant fait tout entier de carton.)

« Jusqu'ici c'est bien,» dit le Roi; et il continua de marmotter tout bas, « « Nous savons fort bien que c'est vrai.» C'est le jury qui dit cela, bien course—'If she should push the matter on'—that must be the Queen—'What would become of you?'—What, indeed!—'I gave her one, they gave him two'—why, that must be what he did with the tarts, you know——"

sûr!» J'en donnai trois, elle en prit une; « justement, c'est là ce qu'il fit des tartes, vous comprenez.»

"But it goes on 'they all returned from him to you,'" said Alice.

« Mais vient ensuite: « Toutes revinrent d'eux à vous,» » dit Alice.

"Why, there they are!" said the King triumphantly, pointing to the tarts on the table.

« Tiens, mais les voici!» dit le Roi d'un air de triomphe, montrant du doigt les tartes qui étaient sur la table.

"Nothing can be clearer than that. Then again—'before she had this fit'—you never had fits, my dear, I

« Il n'y a rien de plus clair que cela; et encore:» Avant que de ses nerfs l'accès. « Vous n'avez jamais eu think?" he said to the Queen.

"Never!" said the Queen, furiously, throwing an inkstand at the Lizard as she spoke. (The unfortunate little Bill had left off writing on his slate with one finger, as he found it made no mark; but he now hastily began again, using the ink, that was trickling down his face, as long as it lasted.)

"Then the words don't fit you," said the King, looking round the court with a smile. There was a dead silence.

"It's a pun!" the King added in an angry tone, and everybody laughed. "Let the jury consider their verdict," the King said, for about the twentieth time that day.

"No, no!" said the Queen. "Sentence first—verdict afterwards."

"Stuff and nonsense!" said Alice loudly. "The idea of having the sentence first!"

"Hold your tongue!" said the Queen, turning purple.

"I wo'n't!" said Alice.

"Off with her head!" the Queen shouted at the top of her voice. Nobody moved.

d'attaques de nerfs, je crois, mon épouse?» dit-il à la Reine.

« Jamais!» dit la Reine d'un air furieux en jetant un encrier à la tête du Lézard. (Le malheureux Jacques avait cessé d'écrire sur son ardoise avec un doigt, car il s'était aperçu que cela ne faisait aucune marque; mais il se remit bien vite à l'ouvrage en se servant de l'encre qui lui découlait le long de la figure, aussi longtemps qu'il y en eut.)

« Non, mon épouse, vous avez trop bon air,» dit le Roi, promenant son regard tout autour de la salle et souriant. Il se fit un silence de mort.

« C'est un calembour,» ajouta le Roi d'un ton de colère; et tout le monde se mit à rire. « Que le jury délibère,» ajouta le Roi, pour à peu près la vingtième fois ce jour-là.

« Non, non,» dit la Reine, « l'arrêt d'abord, on délibérera après.»

« Cela n'a pas de bon sens!» dit tout haut Alice. « Quelle idée de vouloir prononcer l'arrêt d'abord!»

« Taisez-vous,» dit la Reine, devenant pourpre de colère.

« Je ne me tairai pas,» dit Alice.

« Qu'on lui coupe la tête!» hurla la Reine de toutes ses forces. Personne ne bougea.

"Who cares for you?" said Alice (she had grown to her full size by this time). "You're nothing but a pack of cards!"

At this the whole pack rose up into the air, and came flying down upon her; she gave a little scream, half of fright and half of anger, and tried to beat them off, and found herself lying on the bank, with her head in the lap of her sister, who was gently brushing away some dead leaves that had fluttered down from the trees upon her

« On se moque bien de vous,» dit Alice (elle avait alors atteint toute sa grandeur naturelle). « Vous n'êtes qu'un paquet de cartes!»

Là-dessus tout le paquet sauta en l'air et retomba en tourbillonnant sur elle; Alice poussa un petit cri, moitié de peur, moitié de colère, et essaya de les repousser; elle se trouva étendue sur le gazon, la tête sur les genoux de sa sœur, qui écartait doucement de sa figure les feuilles mortes tombées en voltigeant du haut des arbres.

face.

"Wake up, Alice dear!" said her sister; "Why, what a long sleep you've had!"

"Oh, I've had such a curious dream!" said Alice. And she told her sister, as well as she could remember them, all these strange Adventures of hers that you have just been reading about; and, when she had finished, her sister kissed her, and said, "It was a curious dream, dear, certainly; but now run in to your tea: it's getting late." So Alice got up and ran off, thinking while she ran, as well she might, what a wonderful dream it had been.

But her sister sat still just as she left her, leaning her head on her hand, watching the setting sun, and thinking of little Alice and all her wonderful Adventures, till she too began dreaming after a fashion, and this was her dream:—

First, she dreamed about little Alice herself: once again the tiny hands were clasped upon her knee, and the bright eager eyes were looking up into hers—she could hear the very tones of her voice, and see that queer little toss of her head to keep back the wandering hair that would always get into her eyes—and still as she listened, or seemed to listen, the whole place around her became alive the strange creatures of her

« Réveillez-vous, chère Alice!» lui dit sa sœur. «Quel long somme vous venez de faire!»

« Oh! j'ai fait un si drôle de rêve,» dit Alice; et elle raconta à sa sœur, autant qu'elle put s'en souvenir, toutes les étranges aventures que vous venez de lire; et, quand elle eut fini son récit, sa sœur lui dit en l'embrassant: «Certes, c'est un bien drôle de rêve; mais maintenant courez à la maison prendre le thé; il se fait tard.» Alice se leva donc et s'éloigna en courant, pensant le long du chemin, et avec raison, quel rêve merveilleux elle venait de faire.

Mais sa sœur demeura assise tranquillement, tout comme elle l'avait laissée, la tête appuyée sur la main, contemplant le coucher du soleil et pensant à la petite Alice et à ses merveilleuses aventures; si bien qu'elle aussi se mit à rêver, en quelque sorte; et voici son rêve: —

D'abord elle rêva de la petite Alice personnellement: — les petites mains de l'enfant étaient encore jointes sur ses genoux, et ses yeux vifs et brillants plongeaient leur regard dans les siens. Elle entendait jusqu'au son de sa voix; elle voyait ce singulier petit mouvement de tête par lequel elle rejetait en arrière les cheveux vagabonds qui sans cesse lui revenaient dans les yeux; et, comme elle écoutait ou paraissait little sister's dream.

The long grass rustled at her feet as the White Rabbit hurried by— the frightened Mouse splashed his way through the neighbouring pool—she could hear the rattle of the teacups as the March Hare and his friends shared their never-ending meal, and the shrill voice of the Queen ordering off her unfortunate guests to execution— once more the pig-baby was sneezing on the Duchess's knee, while plates and dishes crashed around it—once more the shriek of the Gryphon, the squeaking of the Lizard's slate-pencil, and the choking of the suppressed guinea-pigs, filled the air, mixed up with the distant sob of the miserable Mock Turtle.

So she sat on, with closed eyes, and half believed herself in Wonderland, though she knew she had but to open them again, and all would change to dull reality— the grass would be only rustling in the wind, and the pool rippling to the waving of the reeds—the rattling teacups would change to tinkling sheep-bells, and the Queen's shrill cries to the voice of the shepherd boy—and the sneeze of the baby, the shriek of the Gryphon, and all the other queer

écouter, tout s'anima autour d'elle et se peupla des étranges créatures du rêve de sa jeune sœur.

Les longues herbes bruissaient à ses pieds sous les pas précipités du Lapin Blanc; la Souris effrayée faisait clapoter l'eau en traversant la mare voisine; elle entendait le bruit des tasses, tandis que le Lièvre et ses amis prenaient leur repas qui ne finissait jamais, et la voix perçante de la Reine envoyant à la mort ses malheureux invités. Une fois encore l'enfant-porc éternuait sur les genoux de la Duchesse, tandis que les assiettes et les plats se brisaient autour de lui; une fois encore la voix criarde du Griffon, le grincement du crayon d'ardoise du Lézard, et les cris étouffés des cochons d'Inde mis dans le sac par ordre de la cour, remplissaient les airs, en se mêlant aux sanglots que poussait au loin la malheureuse Fausse-Tortue.

C'est ainsi qu'elle demeura assise, les yeux fermés, et se croyant presque dans le Pays des Merveilles, bien qu'elle sût qu'elle n'avait qu'à rouvrir les yeux pour que tout fût changé en une triste réalité: les herbes ne bruiraient plus alors que sous le souffle du vent, et l'eau de la mare ne murmurerait plus qu'au balancement des roseaux; le bruit des tasses deviendrait le tintement des clochettes au cou des moutons, et elle reconnaîtrait noises, would change (she knew) to the confused clamour of the busy farm-yard—while the lowing of the cattle in the distance would take the place of the Mock Turtle's heavy sobs.

Lastly, she pictured to herself how this same little sister of hers would, in the after-time, be herself a grown woman; and how she would keep, through all her riper years, the simple and loving heart of her childhood; and how she would gather about her other little children, and make their eyes bright and eager with many a strange tale, perhaps even with the dream of Wonderland of long ago; and how she would feel with all their simple sorrows, and find a pleasure in all their simple joys, remembering her own child-life, and the happy summer days.

les cris aigus de la Reine dans la voix perçante du petit berger; l'éternuement du bébé, le cri du Griffon et tous les autres bruits étranges ne seraient plus, elle le savait bien, que les clameurs confuses d'une cour de ferme, tandis que le beuglement des bestiaux dans le lointain remplacerait les lourds sanglots de la Fausse-Tortue.

Enfin elle se représenta cette même petite sœur, dans l'avenir, devenue elle aussi une grande personne; elle se la représenta conservant, jusque dans l'âge mûr, le cœur simple et aimant de son enfance, et réunissant autour d'elle d'autres petits enfants dont elle ferait briller les yeux vifs et curieux au récit de bien des aventures étranges, et peut-être même en leur contant le songe du Pays des Merveilles du temps jadis: elle la voyait partager leurs petits chagrins et trouver plaisir à leurs innocentes joies, se rappelant sa propre enfance et les heureux jours d'été.

THE END

FIN

www.ingramcontent.com/pod-product-compliance
Lightning Source LLC
Chambersburg PA
CBHW061725020426
42331CB00006B/1098